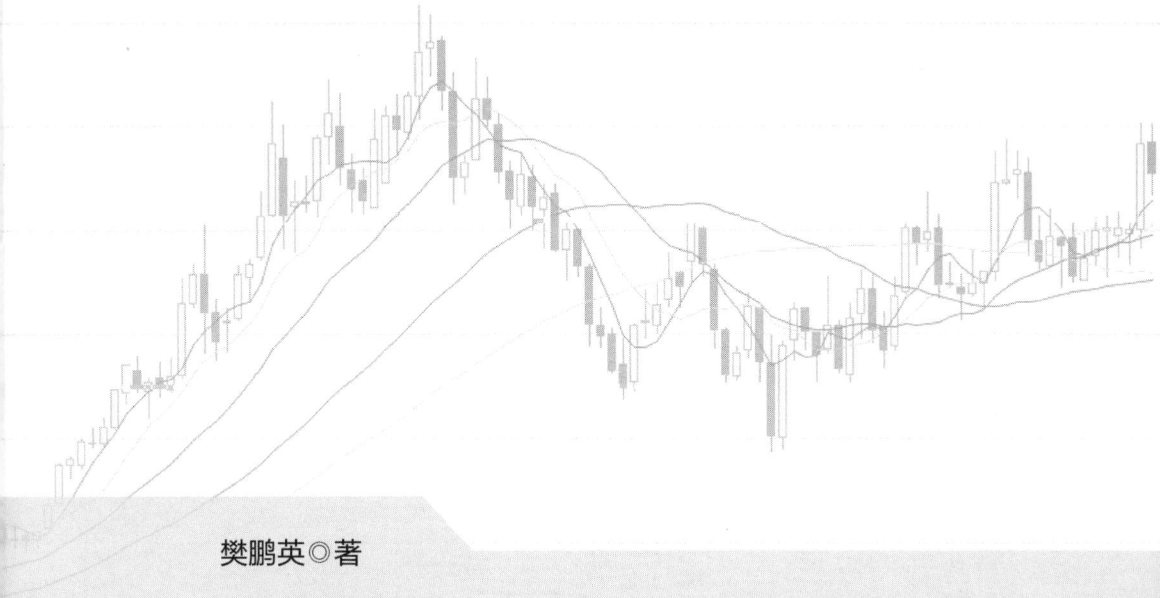

樊鹏英◎著

基于股评信息的
个股投资者情绪指数与股票市场的关系研究

Research on Relationship between the
Single Stock Investor Sentiment Index and Stock Market
based on Stock Evaluation Information

中国经济出版社
CHINA ECONOMIC PUBLISHING HOUSE
·北 京·

图书在版编目（CIP）数据

基于股评信息的个股投资者情绪指数与股票市场的关系研究／樊鹏英著．--北京：中国经济出版社，2023.5

ISBN 978-7-5136-7296-2

Ⅰ．①基…　Ⅱ．①樊…　Ⅲ．①投资者-情绪-关系-股票市场-研究-中国　Ⅳ．①F832.51

中国国家版本馆 CIP 数据核字（2023）第 073043 号

责任编辑　牛慧珍
责任印制　马小宾
封面设计　任燕飞

出版发行　中国经济出版社
印 刷 者　北京富泰印刷有限责任公司
经 销 者　各地新华书店
开　　本　710mm×1000mm　1/16
印　　张　14.75
字　　数　220 千字
版　　次　2023 年 5 月第 1 版
印　　次　2023 年 5 月第 1 次
定　　价　88.00 元
广告经营许可证　京西工商广字第 8179 号

中国经济出版社 **网址** www.economyph.com **社址** 北京市东城区安定门外大街 58 号 **邮编** 100011
本版图书如存在印装质量问题，请与本社销售中心联系调换（联系电话：010-57512564）

PREFACE 前言

传统金融理论基于理性人假设，认为股票交易市场中的股票价格最终可以反映其内在价值，即使市场中存在部分非理性投资者的噪音交易，但因为市场中存在大量理性投资者，最终“噪音”也会被套利行为消除。但是随着金融市场的不断发展，金融市场中不断涌现出元月效应、波动性之谜和规模效应等难以通过传统金融理论解释的异常现象，传统金融理论无法为越来越多的金融异象提供理论支撑，于是行为金融理论逐渐发展起来。行为金融理论指出，金融资产价格及其波动既会受到宏观经济情况、行业发展状况以及企业价值情况的影响，也会受到市场投资者情绪的影响，并进一步指出投资者情绪也是决定金融资产价格走势的重要因素之一。

纵观近10年我国股市的发展状况，A股市场走势此起彼伏，波动较大。2012年，A股市场自年初两个月猛烈的涨势之后，开始了“过山车”式的波动，5月是2012年股市的“分水岭”，在随后的6个月股市大跌，但在12月又开始反弹；2014年下半年到2015年，A股市场波动异常，其间多次出现千股涨停、千股跌停的现象，同年11月股市大幅上涨，短短11个交易日上证指数从2500点冲破了3000点；2015年6月到8月经历了3次暴跌，其间上证指数创8年来最大跌幅；2020年新冠肺炎疫情突发之时，股市出现了大幅度的下跌，但随着股市对疫情常态化的不断适应，股市总体上呈上涨态势，行情有所好转。那么，股市出现大幅波动的原因是什么？投资者情绪是否会影响股票市场？投资者情绪如何度量？投资者过度乐观和过度悲观与股票价格及股票价格波动之间的关系又是什么？这是本书要探讨的主题。

当前，信息传播模式在互联网的影响下发生了巨大变化，互联网平台传播信息的即时性、多元性、互动性更加突出。互联网信息平台的快速发展使得投资者对信息的获取以及信息之间的传递更加便捷和迅速。

投资者在网络中发布的信息体现了自己的投资预期并形成一种情绪氛围，这种氛围会使看到信息的用户产生共鸣，进而加速这种情绪的传播，最终影响其他投资者的预期和决策。2015 年的股灾事件反映出投资者在面对股票价格剧烈波动时无法做到完全理性，群体情绪会加大投资者情绪对股票市场的影响。网络论坛作为个股投资者进行交流的主要平台，充斥着大量文本信息，投资者通过网络论坛了解信息和表达态度，投资者情绪由过去零散的个体态度发展为群体情绪氛围，进而影响投资者的心理状态、情绪状态以及决策行为，最终对股票市场产生影响，所以度量投资者情绪并研究投资者情绪与股票市场之间的关系具有极为重要的现实意义。

本书首先通过文本挖掘技术提取东方财富网股吧论坛中中证 500 指数成分股 500 家上市公司每日的帖子信息、发帖量、帖子评论量、帖子点击量等股评文本信息，对文本信息进行分词处理以生成情感词典，运用 LSTM 模型对帖子进行情绪分类，从信息情绪基调（看涨看跌）、信息数量（帖子数量）、信息强度（帖子评论量）3 个角度综合测度个股投资者情绪，构建个股投资者情绪指数；其次以个股投资者情绪指数和股票收益率、股票波动率为研究对象建立面板向量自回归模型，探讨个股投资者情绪与股票收益率和股票波动率的关系，并进一步探讨不同市值、不同行业、不同市态以及不同换手率情况下个股投资者情绪与股票收益率和波动率关系的异质性；最后将本书构建的个股投资者情绪指数作为选股因子引入选股模型中，通过年化收益率、夏普比率、最大回撤等评价指标评估和论证该因子对选股策略的优化作用。

本书的主要结论如下：

（1）个股投资者情绪对股票收益率有显著的正向影响且影响周期较短，股票收益率也会引起个股投资者情绪正向变动但具有一定的时滞性；个股投资者情绪对股票波动率有显著负向影响且影响周期较短，但是股票波动率对个股投资者情绪的影响并不显著。

（2）公司流通市值越大，个股投资者情绪和股票收益率的相互影响程度越小。由于投资者对高市值公司股票更易形成一致预期，所以个股投资者情绪对其股票波动率的影响较为显著；投资者对低市值公司股票的预期相对更为分散，个股投资者情绪对其股票波动率的影响并不显著。

（3）熊市中个股投资者情绪与股票收益率的相互影响比牛市中更显著，且影响更持久；熊市中个股投资者情绪对股票波动率有显著负向影响，牛市中个股投资者情绪对股票波动率的影响并不显著。

（4）个股投资者情绪与不同行业股票收益率变动的关系存在差异性，行业内的竞争程度越高，公司的个股投资者情绪对股票收益率变动的影响程度越小。在竞争较激烈的行业，市场化程度较高，投资者对“噪音”的信任和需求较小，投资决策时理性因素占主导地位，股票的市场价格更多由股票内在价值决定，进而导致个股投资者情绪对股票收益率的影响程度有限。

（5）对于高换手率公司而言，个股投资者情绪更容易对股票波动率产生显著影响；对于低换手率公司而言，个股投资者情绪对股票波动率的影响并不显著。高换手率公司的股票交易更加频繁，个股投资者情绪通过成交量变动进行传递，这一传递过程使得个股投资者情绪更易对股票波动率产生影响。

CONTENTS 目 录

第 1 章

绪　论

1.1　我国股票市场的发展状况

自 1990 年上交所和深交所成立以来，中国股市已经走过 30 多个年头，30 多年来中国股市从无到有、从弱到强，现在 A 股市场已经发展成为全球第二大股票市场。

1.1.1　2012 年以前我国股市发展情况概述

2012 年之前，A 股历史上出现了 4 次持续时间接近或超过一年股指实现翻倍的大牛市。1990 年至 1992 年 10 月是第一次牛市，邓小平南方谈话提出发展市场经济，包括股票市场的发展，之后国内投资热潮高涨，上证综指涨幅较大，A 股市场迎来了第一次牛市，沪市上涨 1353%，持续 21 个月；深市上涨 723%，持续 18 个月。自 1992 年年底到 1994 年年中，在国家遏制经济过热的宏观紧缩政策下，各种利空消息出现，股市一路下跌。从图 1.1 中可以看出，在以上两个时间段，上证指数和深证成指的走势在 1992 年年底到顶后开始下跌，1992—1993 年上证指数和深证成指的收益率均出现了大幅的波动，上证指数相较于深证成指来说波动更大。

1994—1999 年是我国股市的发展调整期。1994 年 7 月 30 日，证监会和国务院有关部门共同商讨如何稳定和发展股市，推出停发新股、允许券商融资、成立中外合资基金三大利好政策，股市又迎来一波上涨期。1993—1995 年，我国为了推进国债市场的发展，开设了国债期货市场，大量资金被吸引到国债期货市场，股票市场热度降低。1995 年，由于“327”国债期货事件的发生，证监会暂停了国债期货交易，大量资金又涌入股票市场，股市出现了暴涨。1996 年 10 月，管理层连发了 12 种关于严格证券市场管理的办法，但股市热度仍然高涨，1997 年股市呈上升态势。1999—2001 年迎来了第二次牛市，上证综指由 1000 点左右上涨至 2000 点以上，涨幅超过110%，在此期间800多只股票仅有11只处于下跌状态，有约62%的股票涨幅超过100%。2001年6月13日，证监会宣布国有股减持暂行办法出台，6月14日上证指数创2245高点后开始下跌，牛市结束。从图1.1中可以看出在以上时间段内上证指数和深证成指的走势情况，1996年深证成指大幅上涨，主要是以深发展为首的绩优股上涨，深科技在短短几日内，股价翻了两倍。

2005年5月，中央政府和证监会联合推出股权分置改革，股权分置在诸多方面制约了我国资本市场的规范发展，截至2007年年底，沪深两市绝大部分公司已完成或进入股改程序。在此期间，我国股票市场还实施了提高上市公司质量、改革发行制度、提高机构投资者比例等一系列改革措施，投资者信心得以恢复，且股权分置改革后的资本市场恢复了首发融资功能和资源配置功能，我国股市迎来了第三次牛市。第三次牛市是2005年6月至2007年10月，上证指数从998点上涨到6124点，上市公司总市值从约3万亿元涨至28万亿元。2007年5月我国证券交易印花税从1%调整为3%成为此次牛市的拐点，而后股市开启了下跌之势，仅一年时间股指跌至1664点。从图1.1中可以看出，2005—2007年上证指数和深证成指呈现井喷式上涨，相较于上证指数来说，深证成指上涨幅度更大，且在此期间，两大指数的收益率相较于前几年波动较大。

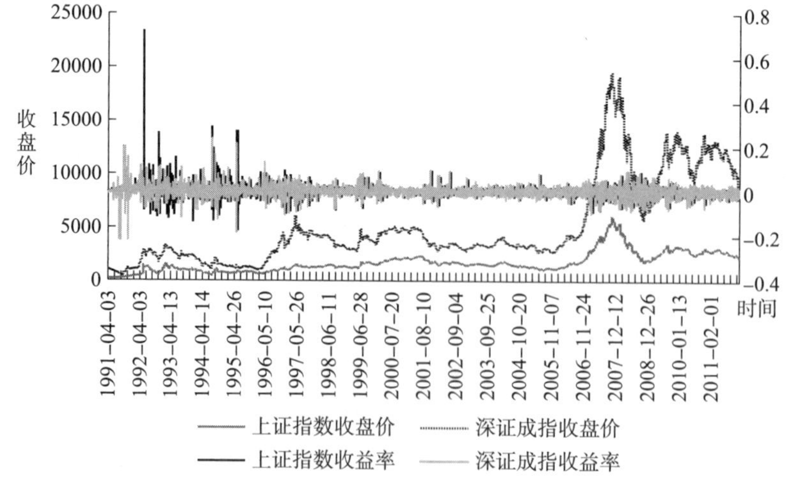

图1.1　1991—2011年上证指数、深证成指走势

2007 年 11 月，美国次贷危机向全球蔓延，同年 12 月，中央经济工作会议明确提出实施稳健的财政政策和从紧的货币政策，宣布上调金融机构人民币存贷款基准利率，且上调存款准备金率，上证指数大跌。2008 年，美国金融危机全面恶化，波及全球经济，我国经济也备受影响，股市一路下跌。2008 年 11 月，我国宣布调整宏观政策，财政政策从稳健转为积极，货币政策从紧缩转为适度宽松，并公布了 4 万亿元的投资计划。随后，随着国务院出台扩大内需促进经济增长的 10 条措施，我国股市迎来了第四次牛市。第四次牛市是在 2008 年 9 月雷曼兄弟申请破产保护以后，金融危机愈演愈烈，美、日、欧经济均陷入衰退。为应对金融危机带来的冲击，我国采用一揽子经济刺激计划应对危机，经济率先复苏。自 2008 年 11 月至 2009 年 8 月，上证指数涨幅超过 100%，出现了一波反弹级牛市。从图 1. 1 中可以看出，受美国次贷危机影响，我国股市在 2007 年之后波动较大，特别是在 2008 年，上证指数从 5000 点下跌至 2000 点附近，深证成指从 19000 多点下跌至 5000 点附近，随后又出现了一段时间的上涨，短短的一年多时间，出现了大幅下跌和大幅上涨的局面，上证指数和深证成指收益率波动较大。2010—2011 年，A 股市场处于低迷状态，市场整体情绪呈现悲观状态，直到 2012 年初温家宝提出要协调发展一二级市场，提振股票市场信心，此后上证指数在 4 个月内从 2163. 39 点升至 2452. 01 点，上涨 13. 34%，但是 5 月是全年行情的转折点，在此后长达 7 个月的时间内，上证指数一路下跌，2012 年 12 月 3 日创出 1959. 77 点新低后，出现触底反弹走势。

1999 年 1 月，深证证券交易所向证监会提交了创业板立项报告，经过 10 年的发展，2009 年 10 月 23 日，我国创业板举行开板启动仪式，28 家公司首批在创业板上市。2010 年 6 月，创业板指数上市，当时上市公司较少，创业板指数成分股仅有 78 只股票，2011 年成分股达到了 100 只。从图 1. 2 中可以看出，创业板市场在 2010—2011 年呈上涨态势，2011 年之后呈下跌态势；相较于上证指数和深证成指，创业板指数收益率波动较大。

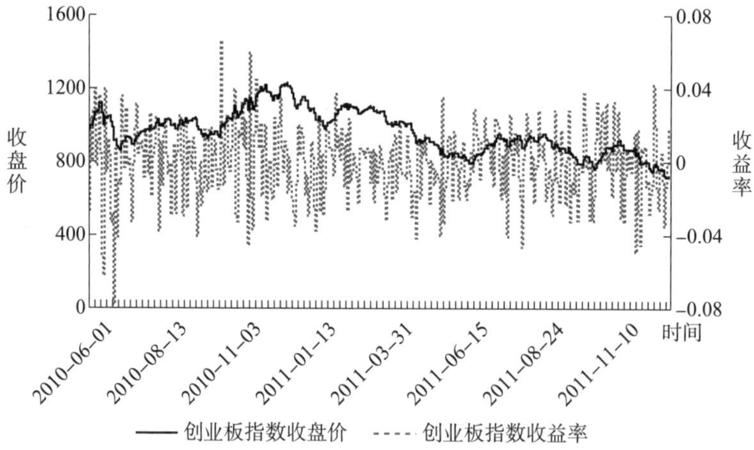

图 1.2　2010—2011 年创业板指数走势

1.1.2　2012 年以后我国股市发展情况概述

纵观我国股市 2012 年以后的发展状况，A 股走势此起彼伏，整体波动较大。近 10 年中国股市市值从 23 万亿元提升至 84.6 万亿元，翻了将近两番，已经发展成为全球第二大股票市场。

2013—2015 年是 A 股市场继前几次大牛市之后的又一次大牛市，这次牛市始于创业板。在 2013 年伴随着中国经济转型，代表中国未来新兴产业成长方向的创业板最先出现上涨趋势。从 2012—2022 年三大指数走势（见图 1.3）可以看出，2012 年 12 月至 2014 年 2 月创业板指数从 593.66 点上升到 1558.62 点，市盈率从 28 倍提升至 45 倍，然而上证指数和深证成指整体走势呈下滑趋势，波动较大，在此期间上证指数从 2434.48 点震荡回落至 1950.01 点，深证成指从将近 10000 点跌落至 7000 点附近。

在 2013 年上涨后，2014 年创业板进入了调整期，相反，在前一年表现比较弱势的上证指数和深证成指，表现相对较好。2014 年 3 月至年末，上证指数、深证成指、创业板指数分别上涨 56%、49%、0.45%。2015 年上半年上证指数从 3350.52 点上涨到 5166.35 点，深证成指上涨到 18000 点高位，创业板指数接近 4000 点，这是中国证券市场有史以来最大的资金杠杆推动的股票市场牛市行情。在 6 月 15 至 7 月 8 日期间，牛市结束，瞬间转为熊市，股市开启大跌模式，短短 17 个交易日内，上证指数大跌

30.73%，深证成指大跌 37.63%，创业板指数大跌 36%，2015 年下半年股市进入大幅波动阶段，6—9 月出现过 4 次千股涨停和 12 次千股跌停现象。

2016 年是股市出现“黑天鹅”次数最多的一年。年初的时候股市多次出现熔断，随后伴随着英国脱欧、特朗普当选美国总统、人民币汇率贬值等，股票市场出现了大幅波动。从图 1.3 中可以明显看出，2016 年 A 股走势高低起伏，波动性尤为明显，截至 2016 年年底，上证指数报 3103.64 点，全年跌幅 5.84%；深证成指报 10177.13 点，全年跌幅 12.46%；创业板指数报 1962.06 点，全年跌幅 21.24%。

2017 年市场比较青睐绩优股、大盘蓝筹股。从三大指数表现来看，上证指数上涨 5.46%，深证成指上涨 7.58%，创业板指数下跌 10.73%；几个规模指数的走势分化明显，其中中证 50 指数和沪深 300 指数全年分别上涨 25.08%和 21.77%，而中证 1000 跌幅却达到了 17.35%。从上述指数的表现可以明显看出，在 2015 年股市剧烈波动之后，投资者更加偏爱具有经营优势和长期投资价值显著的公司。2018 年股票市场处于下跌态势，全年上证指数从 3348.33 点跌至 2493.9 点，累计跌幅达 25.52%，深证成指跌 35.23%，创业板指数跌 29.34%。在全球重要的股指中，A 股表现几乎垫底。上证指数在 2019 年年初开始上涨，最高涨至 3559.47 点，随后一路走低，截至 12 月 27 日创下年度最低收盘点位 2483.09 点。经过 2018 年的大跌，市场受挫，但 2019 年上证指数全年取得超过 23%的涨幅，深证成指、创业板指数累计涨幅分别逾 45%、46%，上涨幅度较大。

2020 年 A 股又一次呈现牛市行情，上证指数上涨 12.57%，深证成指上涨 36.02%，创业板指数上涨 61.85%。整年市场先抑后扬，第一季度因受新冠肺炎疫情影响股市整体呈走低态势，医药等行业呈上涨态势，但整体市场表现较为低迷，在 2 月 3 日出现了 3000 只股票跌停的现象，3—9 月，由于新冠肺炎疫情等不确定性因素，投资者情绪整体表现较为悲观，但随着国内疫情得到控制以及工厂复工，股市出现转折，投资者情绪逐渐出现好转。2021 年上证指数全年上涨 3.9%，深证成指全年上涨 2%，创业板指数全年上涨 7.9%。

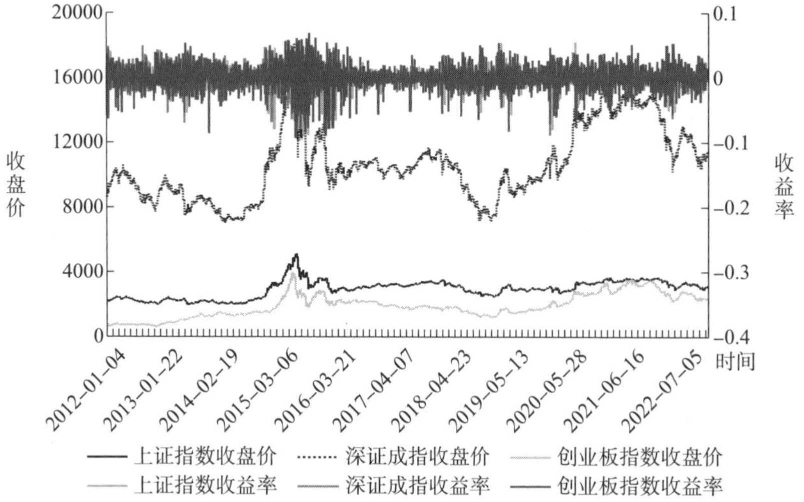

图 1.3　2012—2022 年三大指数走势

1.2　研究背景及研究意义

1.2.1　研究背景

传统金融理论认为在股票交易市场中股票价格是对资产价值的真实反映，并且从市场参与者的角度来看，股票交易市场中大部分投资者是理性的。但随着股票市场的发展，以投资者完全理性、市场有效性等作为理论基石的传统金融理论已经无法解释诸多金融异象，如元月效应、波动性之谜和规模效应等，传统金融理论受到挑战。20 世纪 80 年代大量学者结合心理学、行为学的相关研究成果，开始对股票交易市场中的投资者心理以及决策行为进行分析。

大量的研究表明，在股票交易市场中投资者在进行投资决策时，投资者的行为表现出大量的非理性或者有限理性特征。在进行股票投资策略制定、投资决策以及执行过程中，投资者受到诸多外界因素的干扰，导致其对公司基本面信息和股票价格的认知发生偏差进而做出错误的投资决策，在这一过程中，认知偏差会导致情绪波动进而影响其投资决策行为，并且通过投资者在金融市场的交易行为进一步对股票市场产生影响，在此基础上大量学者开始研究投资者情绪与股票市场之间的关系。

自20世纪90年代开始，中国股票市场经历了30多年的迅速发展，市场规模不断扩大，相关交易制度不断完善，但在很多方面仍然与发达国家成熟的股票交易市场存在差距。一方面，在我国股票交易市场中，因制度相对不完善，信息披露制度不健全导致股票市场中信息不对称的现象较为严重，虽然近年来股票市场交易制度不断完善，各种监管制度相继推出，但是仍然有许多不健全之处。另一方面，在我国股票交易市场中，大多数都是中小投资者，散户居多，这一投资者组成结构导致市场中的非理性因素增多。散户投资者往往金融专业知识相对匮乏，持股时间较短，交易操作频繁，更倾向于投机交易，大多忽略了价值投资，加剧了股票交易市场的波动，加重了股票交易市场中非理性因素的影响。加之我国金融市场中金融创新不足导致金融产品单一化、同质化严重，投资者在进行投资时不能通过多样化投资组合达到分散风险的目的，以上因素导致非理性因素对我国股票交易市场产生了巨大影响。

从实际情况看，中国股票交易市场受非理性因素的影响表现出剧烈的波动，无论从短期还是长期来看，我国股票交易市场都表现出波动频繁的特征，尤其是在牛市期间，投资者新增开户数都会出现急剧增加的现象，投资者情绪高涨进而出现全民炒股的现象。从上证指数的变化趋势来看，2008年上证指数达到6000多点的高位后迅速下降到3000点以下，直到2015年上证指数又开启了新一轮上涨趋势。2021年A股上市公司多达4685家，中国证券市场发展迅猛，北交所的平稳起航为资本市场注入了更多的新鲜血液，也为成千上万优质的中小企业的发展提供了金融服务。随着中国证券市场的发展和人均可支配收入的增长，投资者的需求也随之扩大，个人投资者不断加速进入证券市场。由于股票市场信息的不完全性，以及受投资者交易经验、投资理念和信息分辨能力等主观因素的影响，市场中大部分个人投资者的决策都是非理性的，其投资决策易受到群体情绪的影响。

在社会网络飞速发展的时代，投资者借助网络媒体自由表达观点且交流日趋频繁，进一步加快了投资者情绪的传播并加重了其影响。而投资者在网络中发布的信息体现了自己的投资预期并形成一种情绪氛围，这种氛围会使看到信息的用户产生共鸣，并在一定程度上影响其他投资者的预期和决策，最终对股票价格的变动产生影响。2015 年的股灾事件反映出投资者在面对股票价格剧烈波动时，投资决策无法做到完全理性，群体情绪会加大投资者情绪对股票市场的影响。同时我国股市中的个人投资者占比较大，缺乏较为专业的投资知识与技巧，大部分投资者的决策往往是非理性的，其投资决策易受到情绪的影响，进而引发股市的异常波动。在此基础上，研究投资者情绪与股票市场之间的影响关系对我国股票市场的健康与平稳发展具有重要的意义。

基于此，大量的学者结合心理学、行为学等领域对投资者的决策与心理进行研究分析，结果表明股市中投资者决策行为的非理性特征频繁出现。在投资决策过程中，网络群体情绪氛围、公司基本面信息、投资标的类型以及相关政策等诸多外界因素都会对其产生干扰，进而导致认知偏差并最终体现在非理性投资决策中，进而引发股市的异常波动。然而现有的关于投资者情绪的度量方法以及投资者情绪对股票市场的影响相关研究还不够深入，且多数是从市场整体出发考虑，未从个股层面进行分析。在此背景下，进一步研究我国个股投资者情绪指数的构建及其与股票市场的关系显得尤为重要，尤其是对于我国股票交易市场当前的发展阶段而言，如何更好地从投资者层面度量投资者情绪及其与股票波动的关系将有助于我国股票交易市场长期稳定健康发展，有效防控化解金融风险。

1.2.2 研究意义

从理论层面来看，目前关于投资者情绪指数的研究主要以股票市场整体作为研究对象，并借助股票市场的交易数据度量投资者情绪，对投资者情绪的度量精确度可能存在偏差。本书借助文本挖掘技术，从个股层面爬取东方财富网股吧论坛中的股评信息，对股吧论坛帖子进行情绪分类并加入股评信息评论量这一指标表示股吧信息中情绪的强度，从股吧帖子数量、评论量和帖子的情绪态度 3 个维度构建个股投资者情绪指数，为投资者情绪的度量方法提供了新思路，丰富了投资者情绪指数的构建方法。

从实践层面来看，2021 年 A 股上市公司多达 4685 家，可见我国证券市场发展迅猛，同时我国股市中的个人投资者占比也在提高，2015 年股市下跌反映出投资者在面对股票价格剧烈波动时，投资决策无法做到完全理性，群体情绪会加重投资者情绪对股票市场的影响，进而引发股市的异常波动。在此基础上，研究投资者情绪与股票市场之间的影响关系具有重要的意义。本书构建个股投资者情绪指数并研究个股投资者情绪与股票收益率和波动率的关系，对于政府相关部门、个人投资者和机构投资者均有积极意义。对于政府相关部门来说，能够通过观察分析投资者的情绪对股市进行预判，可以更好地根据投资者情绪分析市场波动，适时做出政策性调整，不断完善政策监管机制，促进股市稳定健康发展。对于个人投资者而言，通过投资者情绪指数可以更加理性地把握股票市场的波动，提高理性决策能力，减少噪声对股票交易产生的不利影响。对于机构投资者而言，可以提高防泡沫防投机防风险的能力，提高对政策面以及利好利空消息的关注度，更好地理解投资者行为，发现盈利机会。个股投资者情绪指数能使投资者在投资决策中更加理性，同时也能够作为选股因子为投资者的选股策略提供一定的参考依据，构建较优的投资策略进而提高投资收益率。

1.3　研究思路、研究内容与研究方法

1.3.1　研究思路

本书首先通过文本挖掘技术爬取东方财富网股吧论坛中中证 500 指数成分股 500 家上市公司的帖子文本信息、发帖量、帖子评论量、帖子点击量等股评信息数据，然后对文本信息进行分词处理以生成情感词典，运用 LSTM 模型对股吧论坛帖子进行情绪分类，进而构建个股投资者情绪指数；其次以个股投资者情绪指数和股票收益率、股票波动率为研究对象建立面板向量自回归模型，探讨个股投资者情绪与股票收益率和波动率的关系；再次进一步探讨不同市值、不同行业、不同市态以及不同换手率情况下，个股投资者情绪与股票收益率和波动率关系的异质性；最后将个股投资者情绪指数作为选股因子引入选股模型中，通过年化收益率、夏普比率、最大回撤等评价指标评估和论证该因子对选股策略的优化作用。

本书的研究路线如图 1.4 所示。

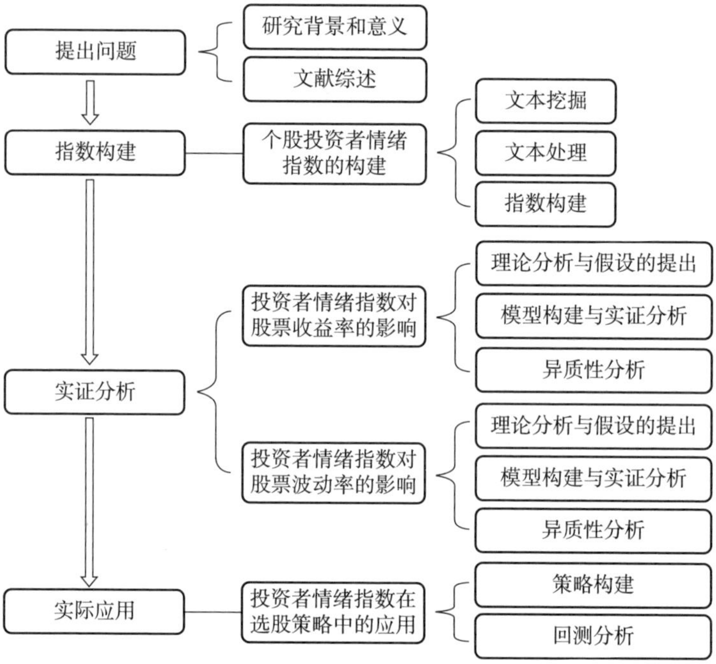

图 1.4　本书的研究路线

1.3.2　研究内容

本书包括 8 个章节，具体如下：

第 1 章是绪论。本章首先介绍了我国股票市场的发展状况，分别对上证指数、深证成指和创业板指数的收益率和波动情况进行了分析；其次介绍了本书的研究背景和意义、研究思路、研究内容、研究方法以及创新与不足。

第 2 章是相关概念和理论基础。本章主要包括投资者情绪的定义、投资者情绪相关理论、投资者情绪指数构建的方法梳理和相关理论，以及本书实证部分所用到的面板向量自回归模型介绍。

第 3 章是文献综述。本章主要从投资者情绪指数的定义和构建、投资者情绪与股票收益率的关系、投资者情绪与股票波动率的关系以及选股策略 4 个方面进行阐述。

第 4 章是个股投资者情绪指数的构建。首先，介绍了个股投资者情绪指数的构建思路；其次，通过文本挖掘技术爬取东方财富网股吧论坛中中证 500 指数成分股 500 家上市公司的帖子文本信息、发帖量、帖子评论量、帖子点击量等股评信息数据，然后对文本信息进行分词处理以生成情感词典，运用 LSTM 模型对股吧论坛帖子进行情绪分类，选取帖子评论量数据代替阅读量来反映信息强度，进而构建个股投资者情绪指数；最后，随机选取 10 只股票结合实际市场状况对个股投资者情绪指数的有效性进行分析。

第 5 章是个股投资者情绪指数与股票收益率的关系研究。首先，基于个股投资者情绪与股票收益关系进行理论分析并提出假设；其次，以个股投资者情绪指数和股票收益率为研究对象建立面板向量自回归模型，探讨个股投资者情绪指数与股票收益率的关系；最后，进一步探讨不同市值、不同行业、不同市态情况下个股投资者情绪与股票收益率关系的异质性。

第 6 章是个股投资者情绪指数与股票波动率的关系研究。首先，基于个股投资者情绪与股票波动关系进行理论分析并提出假设；其次，以个股投资者情绪指数和股票波动率为研究对象建立面板向量自回归模型，探讨个股投资者情绪指数与股票波动率的关系；最后，进一步探讨不同市值、不同市态、不同换手率情况下个股投资者情绪指数与股票波动率关系的异质性。

第 7 章是个股投资者情绪指数在选股策略中的应用。首先，选取 30 个指标作为选股因子，然后对选股因子进行初步筛选，并剔除相关性高的冗余因子；其次，基于 Logistic 回归构建选股模型并构建交易策略；最后，对选股策略进行回测分析，并将其与未引入个股投资者情绪指数因子的选股模型进行比较，衡量和评价个股投资者情绪指数是否可以优化投资策略。

第 8 章是结论、展望及建议。本章主要总结以上各章的结论，说明本书的局限性和展望，并对金融市场监管者和中小投资者提出相关的建议。

1.3.3　研究方法

本书在进行分析时主要运用以下方法。

1）文本分析法

利用网络爬虫技术对本书所需的网页信息进行抓取，通过计算机语言借助长短期记忆模型（LSTM）对网络文本进行语义分析，判定信息发布者的情绪倾向，将文本情绪量化为数据，抽取文本高层语义信息，提高对文本情绪判断的有效性。

2）文献研究法

研读大量国内外相关文献，了解投资者情绪指数的构建以及投资者情绪与股票收益率和波动率相互关系研究的相关理论和方法，运用文献研究法掌握投资者情绪的定义、构建方法，梳理测度投资者情绪的各类指标，以及其与股票收益率和股票波动率的相互作用机制。

3）定性分析法和定量分析法

本书将两种方法相结合，对个股投资者情绪指数和股票收益率、波动率等指标间的关系和作用原理进行定性分析，并借助 MATLAB、STATA 等统计分析软件进行定量研究。

4）实证分析法

在个股投资者情绪指数与股票收益率、股票波动率的关系研究中，本书运用了单位根检验、协整检验、面板向量自回归模型、GMM 估计和格兰杰因果关系检验等一系列方法进行实证分析以得出相关实证结论。

1.4 创新与不足

目前关于投资者情绪与股票市场关系的研究、投资者情绪的度量均主要把股票市场整体作为研究对象，并且对于不同市值、不同行业、不同市态以及不同换手率情况下投资者情绪与股票市场的关系是否存在异质性的研究较少。本书从个股层面基于东方财富网股吧论坛中单只股票的股评信息构建个股投资者情绪指数，从不同市值、不同行业、不同市态角度探讨其与个股收益率的关系，从不同市值、不同市态、不同换手率角度探讨其与个股波动率的关系，并将构建的个股投资者情绪指数引入选股因子中进而构建选股策略。

本书的创新之处体现在以下方面：

第一，用文本挖掘方法挖掘中证 500 指数成分股的股评信息，分别对这 500 只股票构建个股投资者情绪指数。在个股投资者情绪指数的构建中，加入股评信息评论量这一指标以表示投资者情绪的强度，从股吧帖子数量、评论量和帖子的情绪态度 3 个维度构建投资者情绪指数，并研究其与个股收益率和波动率之间的关系。

第二，将中证500指数成分股分别按照不同市值、不同行业、不同换手率以及不同市态进行分组，研究个股投资者情绪指数与股票收益率和股票波动率关系的异质性，发现投资者情绪指数与股票收益率和波动率间的相互关系存在异质性。

第三，将本书构建的个股投资者情绪指数作为选股因子，引入Logistic回归选股模型中，并将其与未引入个股投资者情绪因子的选股策略进行比较分析，验证了本书构建的个股投资者情绪指数能够优化选股策略的结论，能够为投资者的投资决策提供参考。

本书的不足之处体现在以下方面：

第一，尽管通过计算机技术从东方财富网股吧论坛中获取了大量的研究数据，但是由于投资者在面对股市时会在多个论坛表达投资情绪，而本书仅基于东方财富网股吧论坛对投资者情绪进行度量，数据来源还不够丰富，同时获取数据时间段为2018年9月1日至2019年8月31日，周期较短，可能会对情绪度量的精准性有所影响。

第二，考虑到数据的可获得性与连续性，本书在分析投资者情绪指数和股票波动率的关系时，所采用的个股投资者情绪指数与波动率指标在通过数据处理之后均为月度数据，在实证分析过程中，这种中低频数据可能对投资者情绪的反映存在一定偏差。

第2章

相关概念和理论基础

2.1　相关概念

2.1.1　投资者情绪的定义

情绪属于心理学的范畴，主要指人们对某些事物的主观看法，是一种心理活动。这种心理活动会影响人的主观认知和对外界事物的判断和看法，进而影响自己的行为。而投资者情绪属于心理学的范畴但同时也包含了经济学的相关知识，通常我们可以从行为金融学出发对投资者情绪进行定义。

行为金融学是从投资者的心理角度来解释市场的运行机理，行为主体投资者情绪理论一直是行为金融学关注的话题，但是对投资者情绪的定义以及度量方法，至今学术界仍旧不能给出统一的观点，但是目前学术界对投资者情绪的度量及其对金融市场的影响研究广度和深度逐步在拓展。

对投资者情绪的理解和认识，投资者和研究者之间有不同的观点，对其定义也不尽相同。本书认为投资者情绪是投资者对证券市场涨跌的总体态度和看法，随着互联网的发展，更多的投资者会在网络平台发表对市场的看法，其态度和看法可以从投资者的网评信息中得以体现并进行判断，本书从个股层面对投资者情绪及其对股票市场的影响展开研究。

2.1.2　投资者情绪理论

长久以来，经济学的研究总是以投资者理性为前提，传统金融学的经典假设之一便是“市场上的投资者都是理性人”，传统金融学形成了包含资本资产定价模型等在内的传统金融理论体系，广泛应用于学术研究和金融市场。但金融市场中发生的一些市场异象表明传统金融学理论并不完全适用于金融市场，因此早在20世纪60年代，部分国外学者就开始研究投资者心理与其投资决策行为的关系，对行为金融学进行初步探索，截至目前，行为金融学已经发展为一门包含有限理性理论和认知偏差理论在内的独立学科。

行为金融学认为，投资者由于所获信息和个人认知不同，在投资过程中并非完全理性，在投资过程中会产生对资产价格走势的主观判断，即其投资决策行为会受到心理因素波动的影响，根据 Barberis（1998）的定义，投资者情绪就是投资者对股票市场是否看好的过程，因此投资者情绪是行为金融学领域一项重要的研究内容。

行为金融学中有代表性的与投资者情绪相关的心理特征包括过度自信、羊群效应、后悔心理、心理账户等，具体内容如下。

1）过度自信

过度自信指投资者会高估自己的能力，对自己持非常乐观的态度，确信自己做出的选择是正确的，对于投资结果，这类投资者往往将投资获利归功于自己独到的眼光，而将投资损失归于市场、运气等外部因素。因此，过度自信的投资者在投资过程中对市场信息不敏感，甚至无视股票市场上的有效信息，会更多关注自身的想法、观点和行为，而且这类投资者大都偏好高风险金融产品的投资选择，容易做出非理性的投资决策。

2）羊群效应

羊群效应指投资者受群体和他人的影响，在做出决策时出现的一种跟风现象。在我国股市中，个人投资者占较大的比重，而个人投资者在专业知识、分析信息的能力和获取信息的渠道上有所欠缺，并且个人投资者对自己的眼光和决策并不十分确信和坚定，这就导致个人投资者在投资过程中更愿意跟随机构投资者和专家的观点，导致投资决策同化程度较高，加剧了股票市场的波动。近几年，随着互联网的飞速发展，投资者之间交流变得更加容易，在一定程度上加剧了羊群效应。

3）后悔心理

投资者的后悔心理与过度自信相对，后悔心理指投资者在买入或卖出一项资产时往往会后悔当初所做的投资决策，例如当买入股票后，如果股价一路上涨，投资者便会后悔没有更早买入股票而获取更多的收益，如果股价一路下跌，则投资者便会后悔当初所做的买入决定，投资者在卖出股票时也会产生类似的心理。投资者的这种后悔心理会影响投资者的投资行为，往往会出现追高和杀跌的行为，使投资者变得更加谨慎从而弱化投资者对市场信息的分析能力，更易做出非理性的投资决策，加重对市场的影响。

4）心理账户

心理账户最早是由经济学家 Thaler 提出，心理账户存在于投资者个人心理或者群体内部，其所遵循的记账方式和运算规则受个人特性和群体风气影响，具有较强的独特性，往往不同于理性的原则，甚至与理性原则相悖。由于心理账户的存在，投资者进行投资决策时会违背一些最简单的经济原则，做出许多非理性的投资行为。

5）处置效应

处置效应指投资者倾向于尽快卖出持有的已经产生收益的股票，将收益兑现，落袋为安，而且倾向于继续持有产生亏损的股票，直到产生盈利再抛出，体现了投资者普遍满足盈利、厌恶亏损的心理。处置效应使投资者在做出投资决策时，除了关注股票本身的内在价值外，更加注重股票带来的收益或损失。

2.1.3　投资者情绪分析的理论基础

1950 年以后，传统金融学理论一直在金融研究领域占据主导地位，传统金融学理论认为投资者为理性人，理性投资者可以根据市场信息做出最优投资策略，遵循风险最小且盈利最大的原则。投资者会根据自己所获取的市场信息去分析和判断股票市场的未来走势，这些理性投资者之间的竞争会促使市场快速达到均衡状态。

随着股票市场的发展，以投资者完全理性、市场有效性等作为理论基石的传统金融理论已经无法解释诸多金融异象，如周末效应、羊群效应等，传统金融理论受到挑战。20 世纪 80 年代大量学者结合心理学、行为学的相关研究成果，开始对股票交易市场中的投资者心理以及决策行为进行实证分析，行为金融学应运而生。行为金融学的研究在我国起步较晚，始于 20 世纪 90 年代。我国学者针对羊群效应、周末效应等问题进行了量化研究，发现股票市场中投资者的行为与其心理变化存在偏差。

行为金融学作为经济学一个新的分支，主要研究投资者在投资决策中的心理状态，这与传统金融学中的有效市场理论和理性投资者假设产生了分歧。行为金融学是将心理学和传统金融学相结合的学科，行为金融学的发展对传统金融学产生了巨大冲击。行为金融学提出以下几个问题："投资者在股票投资时为什么会做出不理智的决策""不理智的决策是否受情绪影响""受情绪影响的不理智行为是否会影响股票市场"。行为金融学确立了两种理论基础：有限套利和投资者心理。

1）有限套利

有限套利理论是指市场不完善、投资者非理性、激励约束机制不健全等因素使套利者的套利行为受到限制，无法完全甚至不能纠正市场价格偏离的理论。行为金融学认为，某些金融现象能够利用某些当事人并非完全理性的模型得到满意的解释。行为金融学的最成功之处在于用一系列的理论文章证明在一个理性交易者和非理性交易者相互作用的经济中，非理性（irrationality）行为能够对资产价格产生重大而长久的影响。

2）投资者心理

理性投资者可以根据市场信息做出最优投资策略，遵循追求风险最小且盈利最大的原则。投资者会根据自己所获取的市场信息去判断股票市场的未来走势，这些理性投资者之间的竞争会促使市场快速达到均衡状态。实际上，投资者会受到市场情绪、自身情绪等各种因素的影响而改变其投资行为，进而影响股票市场。对市场持看涨态度的投资者的期望收益率比金融市场的平均期望高，对市场持看跌态度的投资者的期望收益率比金融市场的平均期望低，这种对未来金融市场带有系统偏差的预期称为投资者情绪。

2.2 投资者情绪指数构建的相关理论

2.2.1 现有投资者情绪量化方法的比较

投资者情绪理论从研究目标上分为投资者对个股的情绪和对市场整体的情绪，此外，不论是个股还是市场整体的情绪，按照计算构建方法还可以分为直接情绪和间接情绪。直接情绪主要体现为通过直接获得相关统计数据然后按照一定的数学方法进行计算，进而得到的情绪度量指标；间接情绪主要通过市场交易数据来反映投资者情绪。除此之外，还有一些综合指数选取直接指标或间接指标中的若干个，运用数学公式将这些指标进行综合进而构造出一个全新的综合指标，进而度量投资者情绪。随着计算机技术的发展，利用数据挖掘投资者搜索行为、对股票的评论信息等作为情绪成分并合成有效的投资者情绪度量指标，这种方法正逐渐成为研究者常用的度量工具。

1）直接情绪指标

直接情绪指标主要是直接获得相关统计数据，然后按一定数学方法计算的指标。目前，机构和学者们发布的投资者情绪指标主要包括以下几种：

投资者智能指数。投资者智能指数是美国基于130家报纸的股评信息编制而成的投资者情绪指标。指数编制过程中将报纸中对于股票走势的态度分为看涨、持平、看跌三类，编制方法如下：

投资者智能指数=看涨百分比-看跌百分比

因报纸上的股评信息多来源于金融行业的专业人员，所以该指数可用于度量机构投资者情绪。

美国个体投资者协会指数。美国个体投资者协会指数是基于调查问卷产生的，美国个体投资者协会每周向个体投资者发放调查问卷，问卷中包括投资者对未来股票市场走势的判断，包括看涨、持平、看跌三类。该调查问卷的调查对象是个人投资者，所以该指数可用于度量个人投资者情绪。

友好指数。美国哈达迪公司每周根据媒体及金融机构对股票市场的态度进行分类并评分，评分区间为［-3，3］，评分规则为：强烈建议卖出评分为-3，强烈建议买入评分为3，依据建议程度分别对其进行评分，评分结束后对得到的评分分数进行加权处理，最终得出友好指数。

巨潮投资者信心指数。每周星期五对金融机构和个人投资者发放问卷，针对过去一段时间的投资满意程度和对未来股票市场的态度进行调查，然后基于调查结果编制投资者信心指数。巨潮投资者信心指数取值区间为0~100，当巨潮投资者信心指数小于50时，我们可以认为投资者对股票市场的表现不太满意，对未来投资持消极态度；当巨潮投资者信心指数大于50时，我们可以认为投资者对金融市场的表现较为满意，对未来投资持积极态度。该指数的调查对象不仅包括机构投资者，还包括个人投资者，所以可以度量市场整体的投资者情绪。

除此之外，直接情绪指标还有中国央视看盘指数、好淡指数、上海投资者信心指数等，这些指标的构建方法大同小异，各机构也编制了若干指数，这些指数在一定程度上均可度量投资者情绪，但是也存在一定的缺陷，如直接情绪指标虽然能够反映调查对象填写问卷时的情绪，但不能全面反映投资者在投资过程中的情绪；多数机构编制的指数存续期短，有些指数已不再更新。

2）间接情绪指标

除直接情绪指标外，还有一些用市场交易数据来反映投资者情绪的指标，被称为客观情绪指标，主要包括以下几种：

腾落指数。腾落指数是以股票每天上涨和下跌的数量作为计算的基础，进而了解股票市场的情绪，探测股票市场内在动能的强弱，判断股票市场未来的走势。计算公式如下：

腾落指数=上涨股票的数量÷下跌股票数量

该指数根据“钟摆定理”来掌握投资者对股票市场的信心程度，腾落指数越大，说明投资者情绪越高；腾落指数越小，说明投资者情绪越低。

换手率。换手率是一段时间内股票成交量与发行股票总数的比率，反映了投资者对股票交易需求的变化。股票换手率高，说明该股票流动性较强，交易较为活跃，投资者的情绪较高，交易市场非常活跃；股票换手率低，说明该股票流动性较弱，交易不够活跃，投资者的情绪较低。所以，换手率可以被当作衡量投资者情绪的隐性指标。

封闭式基金折价率。封闭式基金折价率是指基金的价格低于单位资产净值的折价程度。当基金的价格小于单位资产净值时，折价率大于0，封闭式基金为折价；当基金的价格大于单位资产净值时，折价率小于0，封闭式基金为溢价。封闭基金折价率越大，说明投资者对股票市场未来走势越悲观，不太看好未来的市场行情；封闭基金折价率越小，说明投资者对股票市场未来走势越乐观，对市场的信心程度较高。封闭式基金的参与者多数为机构投资者，因此封闭式基金折价率常被用来衡量机构投资者的情绪。

消费者信心指数。消费者信心指数是反映消费者信心强弱的指标，可以综合反映并量化消费者对当前经济形势评价和对经济前景、收入水平、收入预期以及消费心理状态的主观感受，是预测经济走势和消费趋向的一个先行指标。消费者信心指数由消费者满意指数和消费者预期指数构成，前者指消费者对当前经济生活的评价；后者指消费者对未来经济生活发生变化的预期。消费者信心指数数值越高，表明消费者信心越强。

除此之外，间接投资者情绪指标还有IPO首日收益率、股票账户增长率、专家卖空比率、保证金借款变化指标等，这些指标的共同特征是通过市场交易数据客观地反映投资者情绪的高低（见表2.1）。

表2.1　投资者情绪指标及其度量

直接情绪指数		间接情绪指数	
指标	度量	指标	度量
投资者智能指数	基于130家报纸的股评信息编制而成的投资者情绪指数指标	换手率	成交量/发行总股数，换手率越高，说明投资者情绪越高
中国央视看盘指数	来自对机构投资者的调查数据，是机构投资者情绪的代表	封闭式基金折价率	基金的价格低于单位资产净值的折价程度，折价率越高，投资者情绪越低
好淡指数	调查对象为证券从业人员，是机构投资者情绪的代表	消费者信心指数	针对公众进行的调查，衡量个体投资者情绪
友好指数	计算主要报刊、投资机构等每周的买卖意见	腾落指数	通过大盘的涨跌家数，衡量市场情绪
美国个体投资者协会指数	个体投资者	股票账户增长率	反映个人股票市场投资者情绪的变化
巨潮投资者信心指数	测量机构投资者和个体投资者	IPO首日收益率	衡量市场整体情绪

2.2.2　投资者情绪指数构建的相关理论

1）网络爬虫技术相关理论

爬虫技术能够自动地从网络上抓取目标网页的相关文本信息，获取的文本信息数据资源可以用于后续的处理和分析。本书利用Scrapy框架进行了Python爬虫，这种方法的好处是便于结构化地获取网络资源数据，在很大程度上提升了信息数据资源的获取效率，该方法适用于网络数据资源获取量较大的情况。

在数据爬取过程中，Scrapy 引擎是整个数据处理系统的核心中枢，其主要任务包括：下载器、调度器直接的通信和数据传递、项目管道等。下载器的功能是在爬虫程序运行过程中调取和下载目标网页中的信息。调度器的功能是在其初次收到来自引擎的任务请求后，将获取的标的任务进行排序，形成队列；再次收到引擎的任务请求时再将这些任务按照排好的队列进行返回。项目管道的功能是存储和简单处理爬虫程序所爬取的信息数据资源。中间件存在于下载器和引擎之间，其主要功能是增强程序执行的灵敏度。

图 2.1 展示了 Scrapy 引擎运行的过程，任务请求从爬虫程序端发出后，首先，会抵达调度器，调度器将任务请求形成 URL 并列入任务队列发送至引擎；其次，引擎接收到任务请求后再次将其传输到下载器，下载器进一步依照任务请求的清单顺序进行目标文本数据的下载，将下载完成的文本数据信息发送回引擎；最后，引擎将收到的文本数据信息传输至命令程序，该命令程序将根据之前给出的具体代码命令对接收到的文本数据信息进行处理和分析，之后再次将其发送至引擎，引擎将处理过的数据信息传递给项目管道，在这里数据将被存储并等待后续进一步的处理。

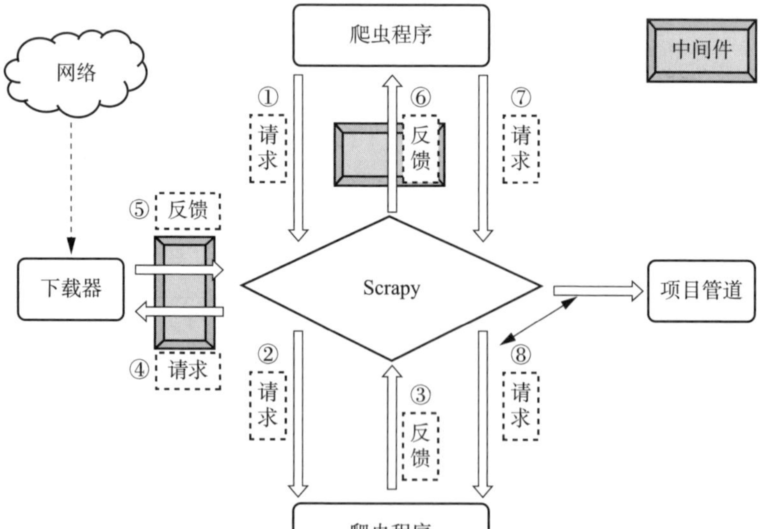

图 2.1　Scrapy 引擎运行过程

2）长短期记忆模型

基于文本挖掘的个股投资者情绪指数是指利用文本信息挖掘技术对网络上海量的股票投资者对于股市表现发表的舆论文本信息进行抓取，并通过信息技术处理程序对这些文本信息进行量化处理以及进一步的指数设计，最终用来度量个股的投资者情绪。在当前研究中，在利用文本信息挖掘技术所构建的投资者情绪指数中，用于衡量投资者情绪的数据指标基本都是获取到的数值型数据，如股评帖子中的关键词评论量、阅读量等。也有一些研究运用了文本型数据来衡量投资者情绪，这种方法的核心是通过对挖掘的文本数据中情感语义进行一系列分析和量化，将文本型数据量化为可以具体计算的情绪指标。机器学习是指利用计算机技术来辨析文本型数据的情绪倾向，由此来分析该段文字信息的发布者对于论述标的事件所持态度，例如该作者对事件的支持或反对意见。在目前的研究中，大部分文本信息情感分析都是利用机器学习完成的。

在利用机器学习进行文本型数据的情感分析过程中，为了提高情绪识别能力和准确度，计算机对训练集样本进行训练时通常会利用机器语言或深度学习。在近些年的研究中，循环神经网络（RNN）和长短期记忆模型（LSTM）越来越广泛地被认可和使用，成为文本挖掘分析较主流的技术手段。循环神经网络（RNN）的优势在于，其在判别文本短语的含义时，可以联系上下文分析，而非仅对短语本身进行简单直接分析，能够在一定程度上提高分析精准度。但 RNN 也有一定缺陷，其仅适用于短语含义分析，而当分析的文本内容过长，信息前后距离过远时，RNN 联系前后文分析的能力会被削弱，分析过程中可能会遗漏关键信息，从而导致文本分析准确性降低，同时文本训练难度提升。总的来说，RNN 模型虽有明显优势，但也存在难以克服的问题，即记忆周期长且训练难度大，而 LSTM 模型很好地解决了 RNN 的上述缺陷。

由图 2.2 可知，RNN 模型在运行过程中会对数据分别进行映射变换和非线性转化，两种转换中均包括 tanh 层。而由图 2.3 可知，LSTM 模型则为输入数据的转化构建了专门的独立模块进行处理。相对而言，LSTM 模型的结构比 RNN 模型更加复杂。

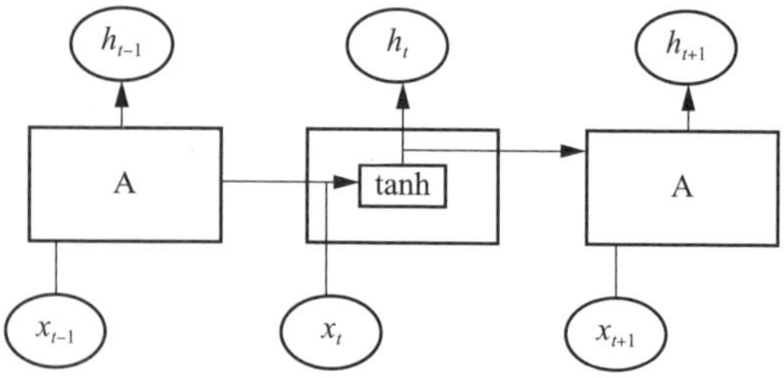

图 2.2　RNN 模型

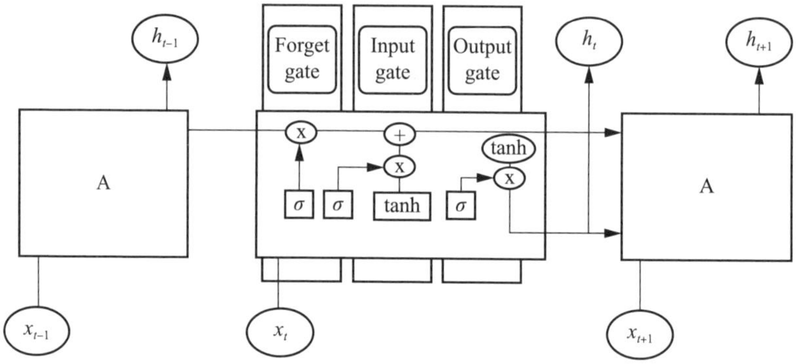

图 2.3　LSTM 模型

LSTM 模型在长篇信息的处理上占有较大的优势。若文本数据中含有较多无关的干扰信息，此时长短期记忆模型更加适用，因为长短期记忆模型能够有效地过滤出关键信息，同时排除无关信息的干扰；而循环神经网络模型在进行神经元参数训练时，经常遗忘前面已经保存的信息，无法高效精准地筛选出有效信息，很容易判断失误。在对文本信息篇章的对象分析处理过程中，文本通常会包含多个观点且文章信息前后可能会有语义的转折，导致有不同的侧重点，且文章中的论证部分对于文本信息观点的分析和提取作用不大。LSTM 能够高效率地分析和提取目标文本信息的核心观点，并且免受无关信息的干扰，从而降低出现判断错误的概率。

长短期记忆模型主要包括：

（1）遗忘门：所谓的“遗忘”，也就是“记忆的残缺”，它决定了上一时刻的单元状态有多少“记忆”可以保留到当前时刻。在开始数据处理之前，需要对 LSTM 模型接收到的大量数据进行筛选和提取，遗忘门的功能就是通过其内部的开关设置对无效信息进行滤出，同时保留有效信息。

式（2-1）是控制函数，$f^{(t)}$ 代表遗忘门内的控制开关，W_f 代表遗忘门的权重，b_f 代表遗忘门的偏置。

$$f^{(t)}=\sigma(W_f[h^{(t-1)},\ x^t]+b_f) \tag{2-1}$$

（2）输入门：它决定了当前时刻的输入有多少保存到单元状态。经遗忘门筛选出的有效信息会传输到输入门，在输入门框架内选择性更新输入信息，式（2-2）、式（2-3）、式（2-4）表示输入门开关，其中，W_i 和 W_c 为相应的权重，b_i 和 b_c 为相应的偏置，C^t 为目前的单元状态值。

$$i^t=\sigma(W_i[h^{(t-1)},\ x^t]+b_i) \tag{2-2}$$

$$c^t=\sigma(W_c[h^{(t-1)},\ x^t]+b_c) \tag{2-3}$$

$$C^t=i^t\times c^t+f^{(t)}\times C^{t-1} \tag{2-4}$$

（3）输出门：它控制着单元状态有多少信息输出。在遗忘门和输入门对数据信息进行了梳理和分析之后，最终输出哪种信息是由输出门决定的。式（2-5）、式（2-6）表示输出门开关，其中 h^t 为目前单元结构内的输出值，W_o 和 b_o 分别为输出门的权重和偏置。

$$o^t=\sigma(W_o[h^{(t-1)},\ x^t]+b_o) \tag{2-5}$$

$$h^t=o^t\times\tanh^{-1}(C^t) \tag{2-6}$$

综上，长短期记忆模型通过 3 个门的设置，构建了专门的模块，利用更多的调节参数和门限单元，弥补了 RNN 模型在数据处理过程中梯度消失的缺陷，因而在文本情感分析中更具优势。

3）情感分析模型

情感分析是指利用计算机技术将标的文本的文字型信息进行数据化转换，随后判断该特定文本所表达的情绪。在目前的研究中，Turney 在 2002 年提出的情绪分析模型较主流，该模型主要基于机器学习。

图 2.4 展示了基于机器学习的情感分析过程，具体如下：

（1）文本分词。指将待分析的文本根据语义标准拆分为若干词语或短句。在文本语言信息处理过程中，文本分词是最常见的方法。

（2）特征提取。指模型将研究内容进行分词后，由词袋模型将经过分词的文本语句转为词向量，文本语句中的每一个词语即表示一个词向量。

（3）模型训练。模型将经词袋模型训练好的文本特征向量输入分类器，进一步计算得出所研究文本的情感值。

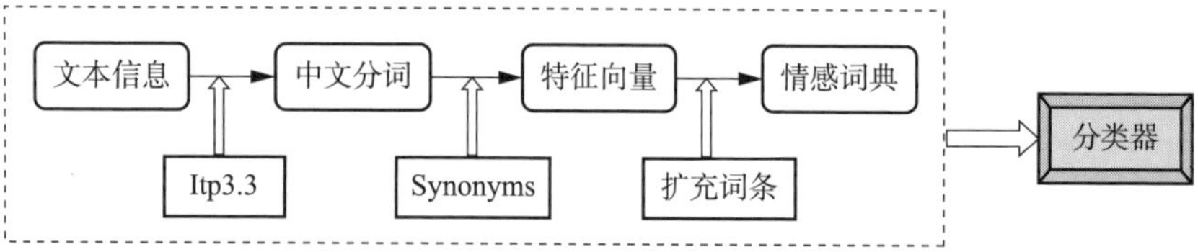

图 2.4　情感分析模型流程

2.3　面板向量自回归模型相关理论

VAR 向量自回归模型是 AR 模型的推广，1980 年由 Christopher Sims 提出，VAR 向量自回归模型是为专门处理时间序列数据而设计的，该模型不需要太多的理论支撑，主要用于解决无法确定变量内生或是外生的实证研究中，完善了统计分析理论。

VAR 模型将所有变量均视为内生变量，解释变量为变量本身滞后项和其他变量滞后项，然后通过一组回归方程来揭示变量之间的动态关系，降低了数据分析的难度，同时简化了模型，而且 VAR 模型还可以通过方差分解探究某一变量对其他变量的冲击反应程度和能用脉冲响应函数图分析随机干扰项对模型中各变量相互冲击的响应。VAR 模型不需要先验理论基础，只需通过数据关系便能够进行简明的逻辑证明，这是 VAR 模型的极大优势，目前已广泛应用于众多研究领域。但这一模型在研究中也存在缺陷，使用 VAR 模型对时间序列数据进行分析时，要求样本满足一定的时间长度，当样本容量较小，待估参数较多时，使用 VAR 模型进行估计的难度会变大，而且参数估计的统计性质也会不稳定，尤其是对于面板数据，有研究表明 VAR 模型并不适用，因为 VAR 模型在程序运行建模中待估计参数非常多，这会引发较大的自由度损失，从而使得模型回归的精准度降低。

针对 VAR 模型在研究中的缺陷，经济学家 Chamberlain 进一步发展了 VAR 模型，首次在此模型的基础上将分析数据延伸到面板数据，奠定了面板向量自回归分析 PVAR 模型的理论基础。随后，Douglas 在 Chamberlain 的研究基础上，提出了含有个体固定效应的 PVAR 模型，使得 VAR 模型能够进一步应用于面板数据，并且构建了广义矩估计这种系数估计的方法。

PVAR 模型沿袭了 VAR 模型无须确定内生变量和外生变量这一优点，并将 VAR 模型和面板模型相结合，能通过正交化的脉冲响应函数更准确地说明变量之间的动态关系，并且 PVAR 模型允许样本存在个体效应差异和时间效应差异，提高了拟合结果的准确度。另外，PVAR 模型可以通过横截面序列个数的增加扩大样本容量，同时处理多个变量之间的关系，且对数据格式没有硬性要求，只要数据的时间长度大于或等于滞后阶数加 3，估计的参数值即合理，弥补了 VAR 模型受样本时间长度限制的缺陷。这是该模型的最大优势。1999 年，Canova 在模型中引入了指数模型和贝叶斯方法，以期解决个体相关和时变系数的问题，这一创新是对 PVAR 面板向量自回归模型的理论结构的发展和完善。式（2-7）为 PVAR 模型的一般形式。

$$Y_{it} = \gamma_0 + \sum_{k=1}^{m} \phi_{ik} Y_{i,\ t-k} + \sum_{j=1}^{m} \varphi_{ik} X_{i,\ t-k} + \gamma_i + u_{it} \tag{2-7}$$

其中，Y_{it}为基于面板数据 m×1 的向量，$X_{i,t}$为第 i 个主体在 t 时刻的 m 个可观测的外生变量的 m×1 的向量，ϕ_{ik}、φ_{ik}为滞后变量的系数矩阵，γ_i为 m×1 向量，表示个体 i 的 m 个不可观测的个体固定效应矩阵，u_{it}为随机误差项，服从正态分布，γ_0 为常数项。

该模型有 3 个假设前提：

（1）个体数值能直接观测。

（2）针对任意的 $i=1$，…，N；$t=1$，…，T，u_{it}是期望为 0 的独立同分布随机变量。

（3）当 $s<t$，$Y_{i,t}$、$X_{i,t}$和 γ_i 满足：

$$E[Y_{i,s}u_{i,t}] = E[X_{i,s}u_{i,t}] = E[\gamma_i u_{i,t}] = 0 \tag{2-8}$$

2005 年，PVAR 面板向量自回归模型经世界银行的 Inessa 博士编程引入 STATA 软件后，该模型开始逐渐被广泛应用于经济学领域。本书通过构建面板向量自回归模型来分别分析个股投资者情绪指数与股票收益率和股票波动率之间的关系。

第 3 章

文献综述

本章针对投资者情绪指数的构建、投资者情绪与股票收益率的关系、投资者情绪与股票波动率的关系以及选股策略等方面的相关文献进行综述。

3.1 投资者情绪指数的定义和构建

在众多国内外相关文献研究中，大量学者通过运用各类股票交易数据对投资者情绪指数进行了构建，以寻求更好的度量市场中投资者情绪的指标。指标构建的方法主要包括单一指标法、复合指标法和网络文本挖掘法。

3.1.1 单一指标法

在使用单一指标构建投资者情绪指数的相关文献研究中，Baker 和 Stein（2004）使用股票交易量数据作为度量投资者情绪水平的指标，当股票交易市场中的投资者对未来股票价格走势持有乐观预期或者悲观预期时，股票成交量会发生相应的变动。一般来说，当投资者情绪开始呈现乐观趋势或悲观趋向时，股票成交量会出现相应的增加或减少。Lowry（2003）认为 IPO 换手率能表达投资者对新股未来走势的不同观点，因此使用 IPO 换手率来表示投资者情绪指数。Ljungqvist 等（2006）认为 IPO 更容易发生在投资者情绪高涨的股票市场中，因此可以用 IPO 首日收益率来衡量股票市场中的投资者情绪。Han 和 Wu（2007）的研究发现，投资者情绪高涨时对市场的需求更高，进入市场的投资者更多，因此投资者情绪还可以通过股票市场的新增开户数来反映。Frazzinia 和 Lamout（2008）使用共同基金流量作为衡量不同股票的个人投资者情绪指数，通过实证研究发现个人投资者情绪导致一些股票相对于其他股票被错误估值，因此公司倾向于出售成长型股票，购买价值型股票。Joseph（2011）借助了在线股票行情搜索强度这一指标作为衡量投资者情绪指数的代理变量。单一指标还包括封闭式基金折价率、换手率等，均可衡量投资者情绪的高低。

部分国内学者也运用单一指标构造情绪指数，王美今和孙建军（2004）在DSSW模型的基础上，通过对央视看盘数据中看跌看涨人数的计算构造投资者情绪指数，研究对象为上证综指和深证成指日收益率。张强和杨淑娥（2007）以中央电视台网站的调查数据为基础分别整理编制机构与个人投资者的周看涨指数作为情绪指数。朱伟骅和张宗新（2008）采用LST的计量方法利用封闭式基金折价率衡量投资者情绪。张丹（2009）利用封闭式基金折价率和认购权证交易数据的隐含波动率分别代表机构投资者情绪和个人投资者情绪。鲁训法和黎建强（2012）使用新开交易账户数衡量投资者情绪，并选取上证综合指数为研究对象，用ARMA-GARCH类模型探究了投资者情绪与股市收益率的关系。段江娇等（2014）使用东方财富网股吧中每只股票的投资者发帖数表示该股票的投资者情绪指数，具体方法是先设定关键词库用于识别帖子的情绪，根据帖子情绪将投资者发帖分为看涨帖子和看跌帖子，该只股票的投资者情绪指数就是看涨帖子占总发帖数的比重。邵新建等（2015）认为投资者对某一事件的关注度与乐观情绪的强度呈正相关，因此使用投资者对某一股票的网络搜索量作为个体投资者情绪指数的代理变量。汪昌云和武佳薇（2015）通过使用企业上市前的不同时间范围内相关媒体舆论报道中存在的大量利好利空词汇数据进行指数构建。陈健和曾世强（2018）借助AR指标作为股票市场中投资者情绪代理变量，进一步构建了悲观情绪和乐观情绪指数。

3.1.2 复合指标法

随着研究的深入，大量学者开始使用复合指标进行情绪的度量，以更加合理地研究股票市场中投资者情绪的作用。Baker和Wurgler（2006）使用封闭式基金折价率、纽约证券交易所股票成交量、IPO数量、IPO首日平均回报率、新发行的股票份额和股息溢价进行主成分分析进而构建投资者情绪指数，实证研究结果发现投资者情绪波动会对估值高度主观且难以套利的证券产生更大影响。Fisher和Statman（2009）通过研究利率、消费者信心指数和美国股指之间的关系来探究心理因素对股市回报的影响，确认了心理因素是对股市回报合理的外生冲击变量，小型股在情绪低落时获得低后续回报，在情绪高涨时获得高后续回报。Huang（2012）使用股票交易市场中封闭式基金折价率、换手率等多个指标数据应用偏最小二乘法对投资者情绪进行了有效度量。

在国内运用复合指标构建投资者情绪指数的文献研究中，饶育蕾和刘达峰（2003）通过央视机构看盘数据和中国证券报券商看市水平数据来构建投资者情绪指数用于实证研究。易志高和茅宁（2009）选取封闭式基金折价率、股票交易量、IPO 数量、上市首日收益率、新增投资者开户数和消费者信心指数作为单个情绪代理指标，使用主成分分析法构建投资者情绪指数。王镇和郝刚（2014）构建投资者情绪指数时与易志高和茅宁（2009）选取的单个情绪代理指标相同，但使用偏最小二乘法，而且通过实证检验表明当情绪代理指标相同时，用偏最小二乘法构建的投资者情绪指数更能准确拟合深证 A 股的市场收益率，说明偏最小二乘法能尽可能排除与投资者情绪无关的因素，所构建的指数更能有效地反映投资者情绪。马若微和张娜（2015）选取上证 A 股 IPO 首日平均收益率、IPO 总量、总市值加权换手率和新增开户数的月度数据为因变量，选取宏观经济景气一致性指数和居民消费价格指数为自变量进行四次回归分析，将得到的残差再进行主成分分析，最后将所得主成分进行加权平均构建出上证 A 股市场的投资者情绪指数，实证结果表明，相比单一的 IPO 首日收益率，其所构建的投资者情绪指数能更精确地反映市场中的投资者情绪。

李合龙等（2016）对投资者情绪和股票指数进行了实证研究，运用 GARCH 模型对投资者情绪和股票指数进行了估计，获取了二者的波动序列，在此基础上运用小波多分辨率分析，发现了投资者情绪指数与股票波动率在不同周期下存在联动效应。巴曙松和朱虹（2016）选取封闭式基金折价率、IPO 首日收益、消费者信心指数、投资者信心指数构造投资者情绪指数，并分析投资者情绪与股票市场波动率的关系。易洪波等（2017）选取东方财富网中关于上证指数股票论坛的帖子数、封闭式基金折价率、A 股新增开户增长率和换手率进行主成分分析，构建投资者情绪指数来衡量市场情绪。胡昌生和程志富（2019）对市场中的理性信念与非理性信念进行区分，构建了相应的情绪指数度量股票市场中投资者情绪的变化，并且进一步分析了在不同的市场估值阶段，投资者情绪指数与股票收益波动率之间的差异性影响。沈银芳和严鑫（2022）采用B-W方法利用沪深300指数的换手率、市盈率、涨跌幅消费者信心指数和成交量作为代理变量，对当期和滞后一期进行主成分分析构建出初始情绪指数，然后将初始情绪指数与代理变量的当期和滞后一期进行相关性分析选出代理指标，并剔除宏观经济的影响，最后再将这些代理指标进行主成分分析以构建出沪深300投资者情绪指数，并用于预测沪深300指数波动率和VaR的度量。

3.1.3 网络文本挖掘法

随着计算机技术的迅速发展，大量学者开始运用文本挖掘技术进行投资者情绪的度量。在基于文本挖掘构建投资者情绪指数方面，Wysocki（1999）对Yahoo！Finance股票论坛中的发帖内容和数量进行分析，发现评论帖数量大的公司大多数在过去一段时间中财务状况表现较好。Antweiler（2004）同时对Yahoo！Finance和RagingBull论坛中的发帖信息进行采集，将获取到的150万条股评信息借助朴素贝叶斯分类器将发帖态度分为看涨、看跌、持平3种，进而构建投资者情绪的度量指标。Hong（2015）运用Python对东方财富网有关上证指数的发帖进行词频统计，确定了包含“多方情绪”与“空方情绪”的关键词词库，进而构建出包括多空双方情绪变化比例的投资者情绪指数，并进行实证研究。Leung（2015）利用2003年1月至2008年12月澳大利亚证券交易所2000多家公司的股票交易数据构建了直接和间接揭示投资者情绪的指数。Bartov等（2017）运用文本挖掘技术对股票相关的Twitter进行情感分析，同时构造了加入其他基于词典的文本分析方法进行情绪指数对比，实证结果表明，通过Twitter构造的投资者情绪指数可以更好地对股票收益率和波动率进行预测。Lee和Jiang（2019）基于美股上市公司财报以及重要公告借助文本分析法构建市场情绪指数，度量了公司层面的情绪变化。Yuxin等（2020）运用Python从东方财富网抓取的有关创业板股票评论发帖，然后通过数据处理清洗、模型训练和情感分类等技术将所有的帖子分为积极和消极两类，最后计算出看涨帖子占比作为投资者情绪指数的代理变量，实证研究发现创业板股价与投资者情绪有较强的相关性。

在国内运用网络文本挖掘法构建投资者情绪指数的文献研究中，程琬芸和林杰（2013）考虑到新浪微博在日常社交生活中对新闻和信息传递的重要作用，以新浪微博为数据来源，利用中文文本分析技术，从5个与证券相关的认证机构用户的微博和评论中提取出大多数投资者对证券市场未来走势涨跌的情绪倾向信息，构建社交媒体的投资者涨跌情绪指数。孟雪井等（2016）通过爬取中国知网文本数据借助计算机机器语言算法进行数据筛选构造了情绪指数。杨晓兰等（2016）以东方财富网股吧为信息来源，爬取了针对创业板上市公司发表的90多万条帖子，利用计算机文本挖掘技术，提取网络发帖所体现的情绪倾向，构建投资者情绪指标。罗衎（2017）基于K临近算法对股票论坛帖子文本情绪进行分类统计，用每周积极情绪帖子标题占比数量减去消极情绪帖子标题占比数量构建投资者情绪指数。

石善冲等（2018）考虑到微信公众号在日常生活中的普及度与扩散度，以及网络文本具有更多的真实性，所以重点研究了微信公众号内容中关于股票投资的预期，针对相关文本数据构建了情绪指数。孟志青（2018）运用Antweiler和Frank提出的看涨指数计算方法对股吧帖子文本信息进行情感分析，通过看涨情绪强度和看跌情绪强度定义网络投资者情绪指数。金秀（2018）在情绪指标构建中引入了帖子阅读量这一指标，强调信息的强度对投资者情绪的重要性，采用Bayes分类算法对新浪财经股吧帖子进行情感分类，并基于信息的内容、数量和阅读量3个维度构建投资者情绪指数。尹海员和吴兴颖（2019）在研究投资者情绪指数对股票收益率的预测作用时，先用R语言对“金融界”的股票论坛发帖进行文本挖掘，然后进行情感分析，构建出上证指数的日内高频投资者情绪指数。陈赫岩等（2019）从网络媒体角度出发，将汤姆森路透社作为新闻数据来源，运用文本挖掘法构建包括贬义、中性和褒义3种情感状态的投资者系统性情感指标。尹海员和吴兴颖（2021）运用Python对东方财富网中关于沪深300指数成分股的评论帖进行文本挖掘、情感分析与量化，构建出日度投资者情绪指数，通过实证研究证明投资者的乐观情绪能显著增加股票市场的流动性。蔡毅等（2021）首次将投资者划分为中小投资者、券商和基金公司，采用文本语义分析法从股吧、微信公众号、财经网站等多种渠道提取情绪指标，分别构建出可以衡量散户投资者、卖方经济师和基金经理情绪的三类投资者情绪指数，可用于研究我国不同类型的投资者情绪对股票市场的影响。

3.2 投资者情绪与股票收益率的关系

3.2.1 国外研究现状

国外金融市场相对成熟，市场参与者的专业水平相对较高，国外研究者针对投资者情绪对股票市场的研究相对较为完善。

有不少国外学者对投资者情绪与股票收益率关系进行了研究，但是并没有形成一致的结论，其中大部分学者通过实证研究表明投资者情绪对股票收益率有正向影响。Delong 等（1990）提出的噪声交易模型（DSSW）首次在股票价格决定模型中考虑到了投资者情绪这一因素，认为投资者情绪是影响股票均衡价格的内在因素，积极的投资者情绪会推动股票价格的上涨，股票收益率增加。Swaminathan（1996）认为投资者情绪除了会对当前股票价格产生影响以外，也可用来预测未来股票收益率，当投资者乐观时股价上涨，收益率增加。Brown 和 Cliff（2004）发现投资者情绪的变化与股票市场收益率有很强的正相关性，股票市场收益率对投资者情绪影响较大，但利用投资者情绪变化来预测股票市场收益率的效果较差。Soeck 等（2019）发现在韩国股票市场中，短期内投资者情绪对股票收益率有正向作用，而且这种作用对于较难估值的公司更加明显。

而一些学者的研究发现投资者情绪对股票收益率的影响并不显著，甚至会产生负向影响。Baur 等（1996）利用股市数据对 1987 年股市崩盘与投资者情绪的关系进行了研究，发现投资者情绪在股价崩盘前后并没有对股价产生显著的影响。Baker 和 Wurgler（2006）以 1963—2001 年美国所有普通股为样本，经过实证研究发现投资者情绪对股票未来的收益率有负向影响。Schmelmg（2009）以 1985—2005 年 18 个国家的数据为样本，用国家消费者信心指数作为各国投资者情绪指数的代理指标进行实证研究，研究结果发现各国投资者情绪对该国股票收益率有负向影响。Agarwal（2021）以印度股票市场为样本进行实证研究，发现投资者情绪对股票收益率并无显著影响。Fisher 和 Statman（2003）对 18 个国家的个人投资者情绪与股票收益率关系进行研究，结果表明当情绪高涨时，未来的股票收益率会降低，即个人投资者情绪对未来股票收益率有显著负向影响，这种影响在股票市场发展水平较低的国家尤为突出。

随着互联网技术的发展，市场参与者可以通过网络获取更多的市场信息，并通过社交媒体平台展开讨论，交流信息，进而影响自己的投资行为。目前，越来越多的学者开始关注股评信息和新闻媒体对投资者情绪的影响，将目光转到非结构化的文本数据上，海量文本数据的获取和使用在一定程度上拓宽了投资者情绪的度量思路。Bollen 等（2011）分析了 Twitter Feed 中的文本信息内容，在此基础上构建了正向情绪指数和负向情绪指数，进而研究了该情绪指数对道琼斯工业平均指数的预测能力。Garcia（2013）基于《纽约时报》财经新闻的相关文本信息构建了投资者情绪指数。Kim（2014）基于互联网信息测度分析技术构建投资者情绪度量指标，研究了投资者情绪对公司未来股票收益的影响。

3.2.2　国内研究现状

国内学者对投资者情绪与股票收益率关系的研究现状与国外相似，大多数学者支持投资者情绪对股票收益率有正向影响的观点。王美今和孙建军（2004）以上证综指和深证成指为研究对象，发现投资者情绪不仅会对股市收益率产生较为显著的正向影响，还能够有效用于日后股票收益率和波动率的预测，而且投资者情绪能够反向修正沪深股市收益率的波动。朱伟骅和张宗新（2008）以上证综合指数为样本进行实证研究，结果表明投资者情绪与股价变化存在着较强的正相关关系，投资者情绪高涨时股票指数收益率会升高。张信东和原东良（2017）基于新浪微博运用文本挖掘法构建投资者情绪指数并对投资者情绪与股票收益率关系进行了实证研究，结果表明投资者情绪与股票收益率有正相关关系，而且滞后一期的短期和中期微博情绪能够预测股票市场的收益率。部慧等（2018）运用朴素贝叶斯方法基于东方财富网股吧发帖构建投资者情绪指数，通过实证研究发现投资者情绪对当期股票收益率有显著的正向影响。姚远等（2019）运用单因素方差分析法，基于上证 A 股的月度收益率数据进行研究，发现投资者情绪对股票收益率有显著正向影响。尹海员和吴兴颖（2019）认为投资者情绪对股票日内收益率有预测作用，而且在交易日的下午预测作用更强，并通过实证研究证明日内高频投资者情绪对日内收益率的影响程度要强于市场滞后收益率等指标。梅立兴等（2019）基于移动互联网视角对投资者情绪和股票收益率的关系进行了研究，研究结果表明使用移动互联网的投资者情绪对股票收益率有显著影响，且对股票未来收益有正向预测作用。蔡毅等（2021）分别研究了散户投资者情绪、卖方分析师情绪和基金经理情绪对我国股市收益率的影响，通过实证研究发现只有基金经理的情绪对股票收益率有正向影响，原因是基金经理的情感倾向更加客观。赵庆国和曲晓宇（2022）使用 GED-EGARCH（1，1）-M 模型研究了投资者情绪对我国不同行业股票收益率的影响，发现除餐饮旅游、食品饮料和综合行业外，我国大部分行业的股票收益率对投资者情绪的敏感性很强，投资者情绪对不同行业股票收益率有正向影响。

一些学者针对投资者情绪对股票收益率的影响持不同观点。饶育蕾和刘达峰（2003）研究发现，投资者情绪与未来市场收益率的相关性并不显著。张强和杨淑娥（2007）发现机构投资者情绪对同期股票价格产生的正向影响较为显著，但是对不同市场组合的影响方式是有区别的，而个人投资者的情绪对股票收益率的影响并不显著。石勇等（2017）重点研究了机构投资者情绪对我国股票市场的影响，认为我国股票市场个人投资者占比较高，因而更易受散户行为影响，通过实证研究发现机构投资者情绪与股票收益率的相关性较弱。张艾莲和郭升刚（2020）使用 K-means 聚类法和马尔科夫区制转移回归模型研究投资者情绪对不同类型股票市场的影响，发现投资者情绪对中小盘股票市场的影响更加显著，而且投资者情绪对中小盘股票市场的收益率有负向影响。何诚颖等（2021）以我国 A 股市场为研究对象，分别以换手率和非主力资金流向作为个人投资者情绪的代理变量进行研究，实证结果表明两个投资者情绪指标均与股票未来预期收益率成负相关关系，说明个人投资者情绪对股票的未来预期收益率有负向影响。

3.3 投资者情绪与股票波动率的关系

3.3.1 国外研究现状

在相关研究文献中，国外研究者对投资者情绪与股票波动率之间的关系尚未形成统一的意见。一些学者认为投资者情绪与股票波动率存在正相关关系。Wayne 等（2002）以道琼斯工业平均指数、标普 500 和纳斯达克指数为样本，采用广义自回归条件异方差模型进行实证研究，论证了投资者情绪与股票波动率的正相关关系。Werner 和 Frank（2004）借助计算语言学方法对雅虎股吧论坛中的帖子进行分类统计，构建了个股的投资者情绪指数，进一步证明了情绪对股票波动产生的正向影响作用。Stambaugh 等（2012）通过实证分析了不同特征下的投资者情绪与股票收益波动的相互关系，研究发现由于存在隐性或显性卖空限制，高涨的投资者情绪更加容易引起股票价格的高估，增加了股票市场中的泡沫程度及投机的狂热性从而导致股票波动程度加剧。Kim（2014）运用计算机分类算法对雅虎论坛上的股票交易数据进行处理，得到看涨帖子数量和看跌帖子数量并进行指数度量，通过格兰杰因果关系检验发现情绪是导致股票波动的原因。还有部分学者通过实证研究发现情绪与股票波动并不是绝对的正相关关系，Nooijen（2016）等将马尔科夫转换模型运用到投资者情绪指数的构建中，实证结果发现投资者情绪的低落对股票收益波动产生稳定作用。

一些学者认为投资者情绪与股票波动率存在负相关关系。Spyrou（2012）通过实证发现在美国股市中，悲观的投资者情绪导致股票收益波动的加剧，而乐观的投资者情绪只会导致股票市场产生较小的波动。Beaumont 等（2008）通过实证分析发现投资者情绪的降低会加剧投资者行为的不确定性，进而扩大了股票收益的波动，而投资者情绪的高涨表明投资者对未来股票收益持有乐观预期，减少了股票交易频率，从而起到了降低股票波动的作用。Labidi 和 Yaakoubi（2016）在对股票市场进行分析时发现，悲观情绪对股票波动产生的作用更大，且这一影响是负向的，而在乐观情绪中，并不会对股票波动产生影响。还有一些学者认为两者之间没有相关关系，如 Stelios 等（2016）以标普 500 指数为研究样本，使用向量自回归模型进行实证研究，发现投资者情绪与股票波动率之间无显著的相关关系。

3.3.2　国内研究现状

目前国内学者对投资者情绪与股票波动率关系的研究也没有形成统一定论，一些学者持投资者情绪与股票波动率存在正相关关系的观点。王美今和孙建军（2004）在对沪深两市进行实证分析的过程中发现股票价格波动的因子的确包含投资者情绪这一变量。张强和杨淑娥（2008）通过换手率、交易量等复合指标构建情绪指数，借助 OLS 和 GARCH-M 回归分析进行实证分析，发现情绪影响股票波动且存在不对称性。张宗新和王海亮（2013）利用上证综指的月度数据进行实证研究，发现投资者情绪对股票波动率有显著的正向影响，而且蓝筹股板块更易受到投资者情绪波动的冲击。王春（2014）在实证研究中运用股票资金净流入进行情绪指数衡量，结合 GARCH 模型证明了投资者情绪对股票波动的正向作用，并认为股市中的非理性行为扰乱了股票价格，加剧了泡沫程度，是股市震荡的主要原因。文凤华、肖金利（2014）运用大量实证分析和检验方法对情绪指数与股票波动进行了回归分析，在分析过程中加入虚拟变量以考虑具体市场特征，实证结果表明投资者的乐观情绪对股票收益产生正向影响。何平等（2014）在分析情绪的影响时使用主成分分析法构建代理变量，通过面板回归模型检验投资者情绪与股票波动率的正相关性。熊熊等（2017）认为股吧是投资者交流的主要平台，可以反映市场中投资者的意见，因此通过不同方法进行了指数构建，包括直接情绪和间接情绪，并进一步采用截面滞后回归分析方法进行情绪与股票波动关系的研究，实证发现前者对后者具有显著的正向影响。黄虹等（2016）以我国沪深两市为研究对象，论证了投资者情绪与股票波动率有正相关关系，并利用 VAR 模型发现投资者情绪通过影响融资融券余额这一中介变量对股票波动率产生影响。王道平和贾昱宁（2019）使用中国证券投资者信心指数（1）中的指标来作为我国投资者情绪的代理变量，进而研究投资者情绪与股市过度波动之间的关系，实证分析发现我国投资者对国内经济基本面和经济政策的情绪变化是导致我国股市波动的重要原因。

有部分学者认为投资者情绪与股票波动并不是绝对的正相关关系。池丽旭和庄新田（2009）选用消费者信心指数来衡量投资者情绪，以上证综指和深证成指为样本进行实证研究，发现投资者情绪，尤其是散户的情绪对大公司股票波动率没有显著影响，而大公司股票波动对投资者情绪具有单向溢出效应。方勇（2010）运用非对称的 GARCH 模型，以上证指数为样本进行实证研究，发现只有在市场上升期，投资者情绪与股票波动率呈正相关关系，而在市场下跌期，投资者情绪与股票波动率有显著的负相关关系。薛文俊（2014）等通过面板门限回归模型实证发现悲观情绪加剧了股票收益率的波动，且这一影响强于乐观情绪对股票收益率波动的影响。史永东和王镇（2015）对不同时期的个股投资者情绪与股票波动率进行了均值方差分析，发现投资者情绪处于悲观时会加剧股票波动。巴曙松和朱虹（2016）以A股市场为研究对象，发现投资者情绪对股票波动率的影响表现为先稳定后加剧，并且对内地A股市场波动率的影响更明显。

3.4　选股策略

在国外的量化投资中，多因子选股模型对于筛选有效选股因子具有较广泛的应用前景。Joseph D. Piotroski（2000）在对选股模型的因子研究中，首次提出了打分法，从企业财务数据中选取了9个因子，根据因子实际数值的大小对相对应的样本股进行排序并依次赋分，分数排列顺序靠前的股票则为投资标的策略组合，研究发现该投资策略能获取超额收益，证明了根据打分法选取财务因子的有效性，进一步验证了多因子选股策略对于投资者的实际意义。在Joseph D. Piotroski的研究基础上，Paratha S. Mohanram（2005）将因子分类，根据公司的盈利能力、成长潜力和业绩稳定程度三方面选取因子，研究结果表明选取的因子具有一定的有效性，能够提升投资策略的收益。

对于多因子选股模型在我国的应用，早期集中于金融机构的量化投资研究部门。安信证券潘凡（2010）将多因子选股模型引入投资策略的构建中，以股市月度数据为基础，从公司资本结构、成长潜力、估值和技术面筛选出30个因子进行分析研究，最终筛选出换手率、盈利收益率、账面市值比等9个有效因子构建选股模型，实证结果表明该策略在牛市的盈利效果优于熊市。刘毅（2012）从公司财务数据、成长潜力和估值等角度选取了25个因子，通过筛选最终获取了经营现金流增长率、市净率等8个有效因子，通过打分获取投资价值和成长性排名前20%的股票构建投资策略，研究表明选取的因子能够有效提升策略收益。刘敦（2013）以A股市场数据为研究对象，通过对38个选股因子采取等权重、主观权重以及混合权重3种权重分配方式来构建策略，分析投资策略的综合表现，研究结果表明利用这3种权重分配方式构建的选股模型盈利均优于市场基准收益。随着机器学习的发展，越来越多学者将一些机器算法运用于选股因子的筛选和选股模型构建过程中。祝君（2018）使用决策树算法对选股因子进行筛选，选出了符合股票价值和企业成长规律的因子以构建价值成长模型并进行回测，研究结果发现该模型盈利优于市场基准收益。李杰（2019）将随机森林算法引入选股因子的有效性筛选和多因子选股模型的构建中，通过2010年至2013年的样本数据区分不同训练窗口周期，寻找随机森林算法的最优参数并进行回测，研究结果表明基于随机森林算法的动态模型策略的收益优于非动态模型策略，动态学习模型能够分析出各因子对选股模型的贡献率，具有较强的时效性。张冬阳（2018）根据 Barra 模型中的风险性和行业特性选取了 38 个 Barra 因子进行有效性筛选，在选股模型中引入 Logistic 回归分析，与基于线性回归的选股模型策略效果进行对比，回测结果表明 Logistic 回归构建的策略收益、稳定性和抗风险能力均优于线性回归选股模型策略。

3.5 文献评述

通过对以上文献的梳理能够发现，目前国内外学者对于投资者情绪与股市的关系已经做了详细的讨论和分析，但对于投资者情绪的测度主要以股票市场整体作为研究对象，基于证券市场交易数据或是第三方机构数据等传统视角，使用股票换手率、封闭式基金折价率、央视机构看盘指数等度量投资者情绪，这类数据获取难度较低，但对于情绪的度量可能会存在一定误差与滞后性。

随着互联网以及 Web 2.0 时代的来临，互联网社交媒体开始迅速发展起来，股票论坛作为投资者交流和讨论证券市场信息的虚拟场所，为国内外学者研究投资者情绪打开了新的视野，也有部分学者利用此类信息度量投资者情绪，在度量投资者情绪的指数构建过程中往往考虑了质化信息和量化信息，但是未引入情绪的强度信息。在投资者情绪对股票市场的影响方面，目前不少学者大多是以股票市场整体作为研究对象，未从个股的角度进行研究，对于不同市值水平、不同行业水平、不同市场态势、不同换手率水平等不同情况下投资者情绪与股票收益率和股票波动率的关系是否存在异质性的研究尚处于空白。

因此，本书首先基于互联网大数据视角，通过挖掘东方财富股吧的股评文本信息构建个股投资者情绪指数，进而研究投资者情绪与股票市场的关系，包括个股投资者情绪与股票收益率的关系、个股投资者情绪与股票波动率的关系；其次探讨不同市值、不同行业、不同市态以及不同换手率水平下个股投资者情绪与股票收益率和股票波动率关系的异质性；最后探究个股投资者情绪指数的应用，将其作为选股因子引入基于 Logistic 回归选股模型中，并将其与未将投资者情绪指数作为选股因子的模型进行比较分析，进一步分析个股投资者情绪因子是否有显著改善投资策略的效果。

第4章

个股投资者情绪指数的构建

目前，大量学者通过运用各类股票交易数据构建投资者情绪指数以寻求更好的度量市场中投资者情绪的指标，基于不同角度对投资者情绪指数进行构建，主要包括单一指标法、复合指标法和网络文本挖掘法等，但目前的研究对于投资者情绪指数的测度主要以股票市场整体作为研究对象，基于个股的投资者情绪度量较少。因此，本书基于互联网大数据视角，通过挖掘东方财富网股吧的股评文本信息构建个股投资者情绪指数，进而研究投资者情绪与股票市场的关系。

4.1　投资者情绪指数的构建思路

“黑天鹅”“灰犀牛”这类事件的频发，对于理解和预测市场状况提出了新的要求。除了采用度量经济和市场基本面的常见指标外，监管部门和投资者、企业、金融机构和学术界亟须能够反映金融市场的投资者情绪指标。但是，现有的投资者情绪指数大部分采用有限问卷收集信息，使用频率较低、地域窄，缺乏延续性，或包含了情绪之外的其他信息，无法满足现有的需求，且目前的投资者情绪指标均用来度量市场整体的情绪，缺乏对个股情绪的度量。

由前述理论介绍和文献综述部分我们知道，学者对投资者情绪的定义主要分为两类：第一，噪声交易者关于股票未来股价预期偏离理性套利者信念的程度；第二，投资者基于对资产未来现金流和投资风险的预期而形成的一种信念（Baker and Wurgler，2006）。度量投资者情绪的指标主要包括三类——客观情绪指标、主观情绪指标和复合情绪指标，但是以上指标均存在一定的缺陷：第一，客观情绪指标是市场多种力量下的均衡结果，反映的不仅仅是投资者情绪；第二，主观情绪指标虽然能够反映问卷调查对象填写问卷时的情绪，但不能全面反映投资者在投资过程中的情绪。此外，多数机构编制的指数存续期短，甚至不再更新，无法供学者们展开持续性研究。

随着互联网和计算机技术的发展，基于文本海量大数据的投资者情绪指数日益受到重视。中国投资者情绪指数（China Investors' Sentiment Index，CISI）是在收集网络能反映投资者情绪的上亿条金融文本大数据的基础上，使用深度学习方法，度量文本信息反映的我国投资者情绪。中国投资者情绪指数刻画了2008年以来金融市场中投资者的情绪变化，并且实时追踪当下投资者的情绪变化。该指数存在以下优点：一是数据全面，收集了A股所有上市公司相关文本数据；二是方法新，采用了人类智慧与深度学习相结合，采用支持向量机、卷积神经网络等方法计算投资者情绪；三是产品新，包括一部中国金融情感词典和一套涉及各板块、各行业、不同频率的指数。中国投资者情绪指数构建方法如下：

（1）利用中文分词技术对文本进行分词处理。

（2）利用Word2Vec技术，将文本中的词语向量化。

（3）对于国外的LM词典（Loughran and McDonald，2011）运用翻译工具进行翻译和检查，构建中文版的LM词典。

（4）在沪深300成分股中，选取200只股票，并对每只股票选取200条讨论帖子。由北京大学国家发展研究院教授、优秀博士和硕士生、市场投资者组成人工标注团队，对这4万条帖子进行人工标注；两人独立标注一条文本信息，根据其内容将其分为正、负、不确定三类，同时对每条帖子列出其包含的正、负关键词；标注完成后，保留标注分类一致的帖子，根据标注结果构建中国金融情感词典（GB），并获得中国金融市场投资者情绪标注集。

（5）运用多种文本情绪算法检验稳健性。

（6）将训练好的最优模型应用到全部文本数据中，计算每个帖子的情绪得分。将不同股票帖子的情绪得分按照相应标准进行加总，构建不同指标体系的投资者情绪指数。

中国投资者情绪指数包含一级指标（代表全部沪深股票的市场情绪指数）和按行业、按时间频率和按板块等分类的二级子指数。其中按照行业分类包含8个大类：金融行业、制造行业、服务行业、信息行业（计算机、传媒、通信）、医药卫生行业、房地产行业、能源行业、消费行业。

按照时间跨度分类，包含：月度频率、周度频率、日度频率（全天情绪、隔夜情绪、午间情绪）以及日内半小时情绪。按照板块划分，包含：沪深300、上证50、中证500、中小板、创业板情绪指数。

中国投资者情绪指数未包括个股的投资者情绪指数，本书基于中国投资者情绪指数的构建思路，旨在从个股的角度构建个股投资者情绪指数，进而从个股层面研究投资者情绪对股票收益率和波动率的影响。

个股投资者情绪指数构建思路如下：

（1）通过文本挖掘技术爬取东方财富网股吧论坛中个股的股评文本信息。

（2）随机选取200条股票评论帖子，使用Python爬虫获取原始的文本信息，并对帖子文本信息内容进行中文分词，分词过滤后提取出代表看涨、看跌情绪的词条，然后扩充看涨、看跌词条以形成较为完善的情感词典来提高帖子分类的准确度。

（3）将已获取的词汇转换为词向量，通过词向量的距离计算从库中找到目标词向量的近义词以扩充情感词典。

（4）基于LSTM模型对股评信息进行分类。

（5）在股评信息分类的基础上基于帖子评论量、评论数等信息构建个股投资者情绪指数。

4.2 数据来源

近年来我国互联网技术迅速发展，截至2020年6月我国网络用户数量达到9.4亿，与此同时网络论坛为投资者提供了信息交流与分享的平台，投资者日益热衷于在网络论坛中查看股票资讯信息并发表对股票未来走势的观点与情绪，这些观点与情绪通过网络论坛在投资者中进行传递和扩散，形成了强大的情绪氛围。网络论坛拥有的大量用户以及用户对网络论坛的高频使用形成投资者行为数据池，基于海量数据，网络论坛信息可以准确及时地刻画投资者情绪与行为。随着互联网的普及，个人投资者在股票市场的投资活动中面临着海量的各种信息，如何有效地处理冗杂的市场信息并进行投资决策成为一大难题。为了节约分析信息的时间和金钱成本，个人投资者通常会参考大众态度较鲜明的言论，易受群体情绪的感染进而影响其最终的投资决策行为。

东方财富网股吧是中国股票市场上最具影响力、访问量最大的股票网络论坛，国际 ALEXA 第三方数据网站和国内权威第三方数据机构 QuestMobile 发布的网站流量排名显示，东方财富网持续位居中国财经类网站第一名，每日更新上万条最新数据及资讯，日均页面浏览量超过 1 亿，是国内知名度较高且影响力较大的专业平台，是众多投资者进行交流信息的不二选择。股吧论坛作为一个开放性网络论坛，任何用户都可以参与评论，且绝大多数用户都是散户，投资者会通过股吧内容获取股评信息。投资者在股吧中不仅能够进行无空间限制的交流，阅读他人帖子时也会受到其观点的影响，产生一定的共鸣，由股吧帖子和帖子评论信息形成的情绪会对投资者决策行为产生一定的影响。因此，本书选取东方财富网股吧作为文本信息挖掘的数据来源，时间跨度为 2018 年 9 月 1 日至 2019 年 8 月 31 日。

不少学者通过挖掘网络文本信息来构建投资者情绪指数，但是从目前的研究来看，学者们大多以股票整体市场作为研究对象来探索衡量投资者情绪的指标，进而研究投资者情绪与股票市场的关系，而从个股的角度建立投资者情绪指数并分析其与股票市场的关系尚处于空白。本书旨在建立个股投资者情绪指数，并分析投资者情绪与股票市场的关系，另外基于个股的股评信息建立个股投资者情绪指数可进一步研究市值不同、行业不同等情况下两者关系的异质性，并分析其是否能成为选股策略的重要因子，进而为选股策略提供更多的依据。

中证 500 指数成分股是沪深两市里面除去排名前 300 的大盘股之后，比较活跃的 500 家企业，排名前 300 的股票是沪深 300 指数的样本股，也是市值最大的 300 家公司，通常称为大盘股，后面的 500 家公司相对来说市值较小，也称为中小盘股。相对大盘股来说，中小盘股的市值较小，更易受投资者情绪的影响，所以本书选取中证 500 指数的成分股作为研究对象。表 4.1 为中证 500 成分股列表。

表 4.1　中证 500 成分股

股票代码	股票简称	股票代码	股票简称	股票代码	股票简称	股票代码	股票简称
689009	九号公司	601233	桐昆股份	600415	小商品城	300244	迪安诊断
688819	天能股份	601231	环旭电子	600409	三友化工	300212	易华录
688779	长远锂科	601228	广州港	600399	抚顺特钢	300182	捷成股份
688777	中控技术	601198	东兴证券	600398	海澜之家	300168	万达信息
688772	珠海冠宇	601187	厦门银行	600392	盛和资源	300146	汤臣倍健
688690	纳微科技	601179	中国西电	600390	五矿资本	300144	宋城演艺
688567	孚能科技	601168	西部矿业	600380	健康元	300136	信维通信
688538	和辉光电	601162	天风证券	600378	昊华科技	300115	长盈精密
688521	芯原股份	601158	重庆水务	600377	宁沪高速	300088	长信科技
688390	固德威	601156	东航物流	600376	首开股份	300073	当升科技
688385	复旦微电	601139	深圳燃气	600373	中文传媒	300072	海新能科
688301	奕瑞科技	601128	常熟银行	600372	中航电子	300070	碧水源
688289	圣湘生物	601118	海南橡胶	600369	西南证券	300058	蓝色光标
688256	寒武纪	601108	财通证券	600352	浙江龙盛	300037	新宙邦
688208	道通科技	601106	中国一重	600350	山东高速	300026	红日药业
688188	柏楚电子	601098	中南传媒	600348	华阳股份	300024	机器人
688185	康希诺	601077	渝农商行	600339	中油工程	300017	网宿科技
688122	西部超导	601058	赛轮轮胎	600329	达仁堂	300012	华测检测
688116	天奈科技	601016	节能风电	600325	华发股份	300009	安科生物
688099	晶晨股份	601005	重庆钢铁	600316	洪都航空	300003	乐普医疗
688088	虹软科技	601000	唐山港	600315	上海家化	300001	特锐德
688063	派能科技	600998	九州通	600307	酒钢宏兴	003035	南网能源
688029	南微医学	600988	赤峰黄金	600299	安迪苏	002985	北摩高科
688009	中国通号	600985	淮北矿业	600298	安琪酵母	002966	苏州银行
688006	杭可科技	600970	中材国际	600297	广汇汽车	002958	青农商行
688002	睿创微纳	600968	海油发展	600282	南钢股份	002948	青岛银行
605358	立昂微	600967	内蒙一机	600271	航天信息	002945	华林证券
603939	益丰药房	600959	江苏有线	600259	广晟有色	002939	长城证券
603927	中科软	600956	新天绿能	600258	首旅酒店	002936	郑州银行

续表

股票代码	股票简称	股票代码	股票简称	股票代码	股票简称	股票代码	股票简称
603893	瑞芯微	600928	西安银行	600216	浙江医药	002926	华西证券
603885	吉祥航空	600927	永安期货	600208	新湖中宝	002925	盈趣科技
603883	老百姓	600917	重庆燃气	600201	生物股份	002901	大博医疗
603868	飞科电器	600909	华安证券	600195	中牧股份	002867	周大生
603866	桃李面包	600906	财达证券	600177	雅戈尔	002850	科达利
603858	步长制药	600901	江苏租赁	600171	上海贝岭	002831	裕同科技
603816	顾家家居	600895	张江高科	600170	上海建工	002797	第一创业
603786	科博达	600885	宏发股份	600167	联美控股	002745	木林森
603737	三棵树	600879	航天电子	600166	福田汽车	002739	万达电影
603719	良品铺子	600873	梅花生物	600161	天坛生物	002738	中矿资源
603712	七一二	600871	石化油服	600160	巨化股份	002705	新宝股份
603707	健友股份	600867	通化东宝	600157	永泰能源	002701	奥瑞金
603688	石英股份	600863	内蒙华电	600155	华创阳安	002690	美亚光电
603658	安图生物	600862	中航高科	600153	建发股份	002683	广东宏大
603650	彤程新材	600859	王府井	600143	金发科技	002673	西部证券
603638	艾迪精密	600848	上海临港	600141	兴发集团	002670	国盛金控
603613	国联股份	600839	四川长虹	600131	国网信通	002653	海思科
603606	东方电缆	600827	百联股份	600126	杭钢股份	002625	光启技术
603605	珀莱雅	600820	隧道股份	600118	中国卫星	002624	完美世界
603596	伯特利	600808	马钢股份	600109	国金证券	002603	以岭药业
603589	口子窖	600801	华新水泥	600096	云天化	002595	豪迈科技
603568	伟明环保	600787	中储股份	600095	湘财股份	002572	索菲亚
603517	绝味食品	600782	新钢股份	600079	人福医药	002568	百润股份
603456	九洲药业	600765	中航重机	600066	宇通客车	002563	森马服饰
603444	吉比特	600764	中国海防	600064	南京高科	002557	洽洽食品
603379	三美股份	600755	厦门国贸	600062	华润双鹤	002532	天山铝业
603355	莱克电气	600739	辽宁成大	600060	海信视像	002531	天顺风能
603345	安井食品	600737	中粮糖业	600056	中国医药	002511	中顺洁柔
603317	天味食品	600728	佳都科技	600038	中直股份	002508	老板电器

续表

股票代码	股票简称	股票代码	股票简称	股票代码	股票简称	股票代码	股票简称
603267	鸿远电子	600718	东软集团	600032	浙江新能	002507	涪陵榨菜
603233	大参林	600707	彩虹股份	600027	华电国际	002506	协鑫集成
603228	景旺电子	600705	中航产融	600026	中远海能	002505	鹏都农牧
603225	新凤鸣	600704	物产中大	600022	山东钢铁	002500	山西证券
603218	日月股份	600699	均胜电子	600021	上海电力	002497	雅化集团
603160	汇顶科技	600673	东阳光	600008	首创环保	002468	申通快递
603156	养元饮品	600667	太极实业	600006	东风汽车	002465	海格通信
603127	昭衍新药	600663	陆家嘴	301029	怡合达	002444	巨星科技
603077	和邦生物	600655	豫园股份	300888	稳健医疗	002439	启明星辰
603056	德邦股份	600648	外高桥	300869	康泰医学	002434	万里扬
603026	胜华新材	600642	申能股份	300866	安克创新	002430	杭氧股份
603000	人民网	600637	东方明珠	300861	美畅股份	002429	兆驰股份
601997	贵阳银行	600623	华谊集团	300850	新强联	002423	中粮资本
601992	金隅集团	600598	北大荒	300832	新产业	002422	科伦药业
601991	大唐发电	600597	光明乳业	300776	帝尔激光	002416	爱施德
601990	南京证券	600582	天地科技	300741	华宝股份	002409	雅克科技
601969	海南矿业	600580	卧龙电驱	300724	捷佳伟创	002408	齐翔腾达
601958	金钼股份	600567	山鹰国际	300699	光威复材	002407	多氟多
601928	凤凰传媒	600566	济川药业	300682	朗新科技	002399	海普瑞
601880	辽港股份	600563	法拉电子	300677	英科医疗	002396	星网锐捷
601872	招商轮船	600556	天下秀	300676	华大基因	002385	大北农
601869	长飞光纤	600549	厦门钨业	300630	普利制药	002384	东山精密
601866	中远海发	600546	山煤国际	300618	寒锐钴业	002373	千方科技
601828	美凯龙	600536	中国软件	300604	长川科技	002372	伟星新材
601778	晶科科技	600535	天士力	300568	星源材质	002368	太极股份
601718	际华集团	600529	山东药玻	300558	贝达药业	002353	杰瑞股份
601717	郑煤机	600528	中铁工业	300482	万孚生物	002340	格林美
601699	潞安环能	600521	华海药业	300474	景嘉微	002326	永太科技
601696	中银证券	600517	国网英大	300463	迈克生物	002299	圣农发展

续表

股票代码	股票简称	股票代码	股票简称	股票代码	股票简称	股票代码	股票简称
601666	平煤股份	600516	方大炭素	300418	昆仑万维	002294	信立泰
601665	齐鲁银行	600511	国药股份	300390	天华超净	002281	光迅科技
601636	旗滨集团	600507	方大特钢	300383	光环新网	002273	水晶光电
601611	中国核建	600500	中化国际	300376	易事特	002268	卫士通
601608	中信重工	600499	科达制造	300373	扬杰科技	002266	浙富控股
601607	上海医药	600498	烽火通信	300363	博腾股份	002250	联化科技
601598	中国外运	600497	驰宏锌锗	300357	我武生物	002249	大洋电机
601577	长沙银行	600489	中金黄金	300308	中际旭创	002244	滨江集团
601568	北元集团	600487	亨通光电	300296	利亚德	002242	九阳股份
601555	东吴证券	600486	扬农化工	300285	国瓷材料	002223	鱼跃医疗
601456	国联证券	600482	中国动力	300257	开山股份	002221	东华能源
601333	广深铁路	600435	北方导航	300253	卫宁健康	002212	天融信
601298	青岛港	600418	江淮汽车	300251	光线传媒	002203	海亮股份
002192	融捷股份	000739	普洛药业	000563	陕国投 A	000156	华数传媒
002191	劲嘉股份	000738	航发控制	000559	万向钱潮	000155	川能动力
002185	华天科技	000729	燕京啤酒	000553	安道麦 A	000089	深圳机场
002183	怡亚通	000728	国元证券	000547	航天发展	000062	深圳华强
002156	通富微电	000709	河钢股份	000540	中天金融	000060	中金岭南
002155	湖南黄金	000703	恒逸石化	000537	广宇发展	000050	深天马 A
002153	石基信息	000683	远兴能源	000519	中兵红箭	000039	中集集团
002152	广电运通	000656	金科股份	000513	丽珠集团	000031	大悦城
002146	荣盛发展	000636	风华高科	000415	渤海租赁	000027	深圳能源
002138	顺络电子	000630	铜陵有色	000402	金融街	000021	深科技
002131	利欧股份	000629	钒钛股份	000401	冀东水泥	000012	南玻 A
002128	电投能源	000623	吉林敖东	000400	许继电气	000009	中国宝安
002127	南极电商	000598	兴蓉环境	000970	中科三环	002195	二三四五
002124	天邦食品	000591	太阳能	000967	盈峰环境	000869	张裕 A
002110	三钢闽光	000581	威孚高科	000961	中南建设	000831	中国稀土
002092	中泰化学	001872	招商港口	000960	锡业股份	000830	鲁西化工

续表

股票代码	股票简称	股票代码	股票简称	股票代码	股票简称	股票代码	股票简称
002081	金螳螂	001227	兰州银行	000959	首钢股份	000825	太钢不锈
002080	中材科技	001203	大中矿业	000937	冀中能源	000807	云铝股份
002078	太阳纸业	000999	华润三九	000932	华菱钢铁	000785	居然之家
002065	东华软件	000998	隆平高科	000930	中粮科技	000783	长江证券
002056	横店东磁	000997	新大陆	000898	鞍钢股份	000778	新兴铸管
002048	宁波华翔	000990	诚志股份	000887	中鼎股份	000750	国海证券
002030	达安基因	000988	华工科技	000883	湖北能源	002002	鸿达兴业
002028	思源电气	000987	越秀资本	000878	云南铜业	001914	招商积余
002025	航天电器	000975	银泰黄金	002010	传化智联	002019	亿帆医药

本书通过文本挖掘技术爬取了 2018 年 9 月 1 日至 2019 年 8 月 31 日期间中证 500 指数成分股中 500 家上市公司在东方财富网股吧论坛中的股评信息，共计 12 个月 365 天的 9847 万条帖子，获取的信息包括：发帖时间、股票代码、股票名称、日发帖数量、帖子阅读量、帖子评论量、帖子点赞量等。

4.3 数据处理

4.3.1 情感词典的生成

情绪是一种态度体验和预期，是客观事物对自身产生满意度的客观程度。随着移动互联网的发展和大数据时代的到来，互联网交流平台使用频率迅速提高，投资者可以在网络平台中发布自己对股票市场的看法或者对某些事件发表评论，表达自己的观点，也可以更便捷、更有效地获取投资信息以及看到其他投资者的观点和看法。互联网用户在表达观点和立场的同时，这些文本内容潜移默化之中表达了用户自身的情感倾向。情感倾向通常可以由文本内容中具有态度倾向性的词语进行体现，也就是情感词典。本书利用情感词典法对帖子信息和评论信息进行分析，通过识别情感词判别文本的情感倾向。

情感词典由具有情绪态度倾向性的词语或句子构成，在对网络文本进行情绪判断时，需要以情感词典为基础，进而分析短语或者句子是积极情绪或者消极情绪。在运用情感词典在对内容进行情绪分析时，首先，需要标记文本内容中的情感词，通过 LSTM 模型一方面可以对文本内容进行筛选以降低文本维度，另一方面可以提高计算机获取网络文本的情感倾向性的准确性，因此在一定程度上情感词典的广度和深度决定了情感分析的效果；其次，在对标的文本信息进行数据化处理的过程中，需要依据规定的情感词典对文本信息进行切分处理。

目前常用的情感词典有清华褒贬义词典、知网情感词典以及大连理工情感词典等通用型词典，但是其准确性在金融领域的应用中存在一定的问题（Loughran and McDonald，2011）。目前汪昌云和武佳薇（2015）、彭红枫和林川（2018）等通过人工筛选和词典重组的方法构建了适用于特定领域的情感词典，但是比较耗费人力和时间。本书构建情感词典的方法如下：首先，从东方财富网股吧随机选取 200 条股票评论帖子，使用 Python 爬虫获取原始的文本信息，紧接着利用 LTP3.3 对获取的帖子文本信息内容进行中文分词，分词过滤后提取出代表看涨、看跌情绪的词条；其次，扩充看涨、看跌词条以形成较为完善的情感词典来提高帖子分类的准确性，本书采用 Synonyms 工具包将已获取的词汇转换为词向量，通过词向量的距离计算从库中找到目标词向量的近义词以扩充情感词典。若出现“不买”“要跌”“还要再等等”“盈利下降”“行情不好”等体现看跌的词汇时标记该帖子为“看跌情绪”，若出现“买进”“要涨”“果断买入”“牛市”等体现看涨的词汇时标记帖子为“看涨情绪”。表 4.2 中列举了情感词典中的部分词汇。

表 4.2　情感词典中的部分词汇

买进	割肉	卖出	增加	低位	底部	成交	收购
熊市	牛市	投入	熊市	风险	抄底	新低	虚假
停板	质押	出货	启动	主力	控盘	看好	流入
低价	白马	下跌	筹码	快速	跌到	流出	暴跌
不好	利空	涨停板	上涨	龙头	ST	垃圾	高位
稳定	停牌	提升	接盘	增长	拉升	伤心	炒作
突破	发展	关注	持仓	反弹	韭菜	低于	蓝筹股

续表

活跃	盈利	有望	赚钱	行情	创新	唱空	减仓
忽悠	买买买	等待	赚钱	拉升	启动	看涨	走了
平仓	被套	砸盘	看跌	满仓	回调	持股	优势
希望	下降	价值	买入	退市	超跌	大跌	亏损
套现	增速	集资	跌破	拉高	优势	接盘	失望
潜力							

4.3.2　基于 LSTM 模型的股评信息分类

信息提取主要依靠计算机浅层算法，这样会因为在对文本信息进行情绪判断时忽略前后文的对应信息而导致准确率降低。为了解决这个问题，本书引入长短期记忆模型（LSTM）。长短期记忆模型在传统循环神经网络模型（RNN）的基础上增加了输入输出控制路径进行改进，有效避免了 RNN 模型长期依赖问题和处理较长序列时梯度爆炸问题，利用分层方式提升句向量和词向量之间的联系，通过对文本数据内容建立长期依赖关系，可以更加准确地分析文本内容前后文对应的信息，提高情绪判断准确性，其优势是在进行文本内容分析时保持了更长的记忆性以更加准确地提取文本特征。LSTM 模型被很多学者认为适合进行文本序列数据的处理，Cheng（2016）等利用 LSTM 模型对新浪微博文本内容进行了观点提取和情绪判别；张璐（2019）等构建文档和情绪图标词作为训练样本，使用 LSTM 分类器进行情绪分类计算并验证了该算法的有效性；吴鹏和陈凌（2020）等的研究也证明了 LSTM 模型在对带有主观情绪文本的分析处理中表现较好，因此本书选取 LSTM 模型对股吧的文本信息进行情绪判定。

使用 Python 软件通过 Xpath 解析网页代码挖掘东方财富股吧中中证 500 指数的 500 只成分股自 2018 年 9 月 1 日至 2019 年 8 月 31 日共 365 天的股评帖子信息，共计 9847 万条帖子，获取的内容包括：发帖日期、股票代码、统计时间段内该上市公司股吧内帖子的总数量、帖子文本内容、每条帖子阅读量、评论量、点赞量等。基于上述生成的情感词典建立情绪判别规则，利用 Word2Vec 生成的情感词向量输入长短期记忆模型中进行训练学习，用训练后的模型对文本短语进行情绪分类，然后确定该短语为看涨或看跌的情绪基调，从而将该帖子定义为看涨帖子或看跌帖子，最后分别统计出500只股票每日每只股票的看涨帖子数和看跌帖子数，在此基础上获得看涨帖子阅读量、评论量、点赞量和看跌帖子阅读量、评论量、点赞量等数据。

表4.3为平均评论量排名前100的股票列表及其相关信息，包括该股票的帖子平均数、积极情绪平均帖子数、消极情绪平均帖子数、帖子平均评论量、积极情绪帖子的平均评论量、消极情绪帖子的平均评论量、每日平均评论量。

表4.3 平均评论量排名前100的股票

单位：个

股票代码	帖子平均数	积极情绪平均帖子数	消极情绪平均帖子数	帖子平均评论量	积极情绪帖子的平均评论量	消极情绪帖子的平均评论量	每日平均评论量
600872	5044	1599	1652	290	90	98	1490901
600903	5369	1779	1840	279	95	92	1472092
600373	5275	1760	1773	267	89	89	1467013
600745	5282	1823	1778	271	94	88	1458202
600006	5311	1880	1673	266	93	86	1456597
601098	5311	1714	1772	266	88	88	1447522
300026	5374	1828	1792	268	89	90	1447403
002672	5193	1636	1849	265	83	94	1445919
002424	5272	1779	1794	265	91	91	1417956
000829	5113	1692	1723	275	92	95	1407467
600500	4959	1755	1493	268	98	80	1402322
002085	5249	1735	1792	258	87	85	1402062
300001	5260	1834	1733	262	94	83	1401431
600623	5147	1790	1615	274	96	87	1400945
000970	5167	1711	1727	267	86	88	1397441
600657	5209	1750	1733	268	86	94	1397271
000959	4980	1756	1614	294	106	92	1394756
300297	5163	1628	1779	272	87	92	1394240
601866	5123	1748	1668	265	86	83	1392909

续表

股票代码	帖子平均数	积极情绪平均帖子数	消极情绪平均帖子数	帖子平均评论量	积极情绪帖子的平均评论量	消极情绪帖子的平均评论量	每日平均评论量
600763	5087	1694	1741	265	89	88	1389108
603501	5187	1677	1755	258	85	89	1387890
002373	4915	1695	1695	271	96	84	1387053
603198	5479	1892	1800	251	84	79	1382197
000547	4903	1594	1718	268	86	93	1381553
601100	5219	1674	1739	261	79	92	1380098
000581	5212	1734	1682	257	83	85	1380007
000975	5052	1735	1635	270	93	88	1375574
002465	5183	1691	1709	262	87	82	1373818
600729	5195	1681	1714	251	84	81	1373316
002266	5045	1582	1733	267	86	93	1372148
603569	5098	1660	1846	257	80	91	1371508
002254	5195	1788	1729	261	88	84	1371365
002797	5087	1654	1677	264	87	87	1367001
600565	4958	1648	1664	264	87	88	1366730
600160	5170	1723	1756	268	88	85	1364190
601718	5165	1651	1714	264	85	87	1358037
600820	5250	1784	1715	260	89	89	1357454
600895	5012	1702	1684	255	82	86	1355477
600410	4988	1686	1690	253	89	83	1355012
000028	5444	1833	1834	253	90	82	1354405
600611	5151	1806	1716	257	89	84	1353969
000980	5103	1646	1619	277	92	86	1353728
600835	4927	1627	1672	268	89	92	1350958
300450	5150	1848	1566	259	94	77	1349846
002431	5039	1811	1612	265	94	83	1348600
600959	5027	1717	1702	263	91	85	1348304

续表

股票代码	帖子平均数	积极情绪平均帖子数	消极情绪平均帖子数	帖子平均评论量	积极情绪帖子的平均评论量	消极情绪帖子的平均评论量	每日平均评论量
600329	5301	1741	1688	258	88	78	1347627
300315	5161	1705	1797	263	82	95	1346721
603355	5138	1705	1674	271	87	90	1346046
600167	5017	1602	1779	265	84	94	1340426
600664	5152	1700	1754	265	86	94	1339577
000727	5131	1719	1743	264	93	85	1339574
002242	4827	1552	1648	273	89	94	1337554
000926	4994	1636	1664	262	88	83	1337056
000758	5044	1750	1724	272	92	93	1336468
300207	5156	1747	1645	265	89	81	1336284
000513	5402	1789	1818	248	84	84	1335204
300274	5074	1706	1698	265	89	89	1334705
600874	4913	1715	1692	270	97	94	1334557
002384	5154	1813	1667	252	87	85	1333476
002589	5165	1722	1651	252	84	84	1333373
600782	4979	1580	1656	257	82	84	1330232
002093	4984	1707	1684	265	89	90	1328183
000537	5075	1652	1768	258	87	87	1327420
600094	5159	1711	1690	256	86	84	1326487
002544	5009	1734	1645	251	88	82	1326442
600017	4888	1582	1667	268	90	90	1326394
601958	5070	1726	1766	269	91	91	1326112
002509	5050	1729	1714	249	79	89	1325742
600879	4908	1662	1567	265	89	87	1324990
600201	5132	1802	1667	250	90	80	1323371
603444	4966	1604	1688	269	89	90	1323043
601016	4769	1689	1537	273	91	88	1322844

续表

股票代码	帖子平均数	积极情绪平均帖子数	消极情绪平均帖子数	帖子平均评论量	积极情绪帖子的平均评论量	消极情绪帖子的平均评论量	每日平均评论量
002250	5092	1662	1702	253	85	83	1321925
600515	4976	1573	1631	256	86	81	1320744
000156	5055	1752	1628	263	92	85	1320528
600645	4948	1682	1618	261	91	87	1320312
002302	5011	1596	1696	258	82	90	1320240
002512	5012	1620	1654	258	82	88	1319782
002176	4859	1557	1680	262	86	89	1319519
002916	5023	1696	1701	257	88	88	1319363
300197	4889	1603	1637	271	89	92	1319230
600971	5079	1593	1732	258	83	86	1319067
600058	5181	1758	1723	267	93	87	1318767
600315	5279	1829	1766	244	83	85	1315657
002690	4989	1642	1594	270	90	91	1314361
600875	5116	1737	1785	250	83	88	1311731
000060	5102	1732	1780	254	84	90	1311521
002372	4850	1653	1597	278	91	94	1311295
603888	4936	1621	1678	257	85	87	1310918
002332	5100	1709	1644	250	82	83	1309524
000552	5091	1807	1634	250	88	82	1308710
002482	5095	1727	1642	254	91	81	1308466
002707	5092	1689	1744	252	87	83	1308324
002233	5075	1648	1719	264	84	87	1308285
002075	5078	1659	1705	254	87	83	1308215
002839	5215	1780	1757	248	85	84	1308083
603377	5204	1649	1773	247	76	85	1307565
600580	4859	1603	1592	262	84	83	1306713
600151	5147	1676	1680	252	82	82	1306424

从表 4. 3 中可以看出：中证 500 成分股的最高日平均帖子数是 5479，对应的日平均评论量为 1382197，日平均评论量排名前 100 的股票在帖子平均数、积极情绪平均帖子数、消极情绪平均帖子数、帖子平均评论量、积极情绪帖子的平均评论量、消极情绪帖子的平均评论量等方面相差均不大，说明投资者在东方财富网股吧中交流信息较为活跃，可以作为投资者情绪指标的信息来源。

4. 4 个股投资者情绪指数的构建与有效性分析

4. 4. 1 个股投资者情绪指数的构建

Werner 和 Frank（2004）最早运用文本挖掘技术获得股吧论坛中的看涨、看跌帖子数量并构造投资者情绪指数，金秀等（2018）在此基础上进行了指数构建模型的修正，在看涨帖子数和看跌帖子数中加入帖子点击量数据维度，从质化信息（看涨、看跌情绪）、量化信息（帖子数量）和强度信息（帖子点击数）3 个角度对投资者情绪进行综合衡量。投资者在东方财富网股吧中交流时的阅读、评论等行为包含着投资者的情绪，看涨或看跌帖子的数量以及评论数量能够从量化角度体现出投资者对该帖子的关注程度和情绪态度。中证 500 指数成分股在东方财富网股吧中单日单个帖子的最高评论量为 9997 条，日均评论量为 4994 条，投资者在股吧中不仅仅通过发表帖子进行信息交流并表达自己的情绪，还会通过评论去表达自己对别人看法的见解。现有研究关于情绪指数构建的方法未考虑评论量在情绪传递中的作用，股吧用户通过阅读帖子内容进而发起评论，评论量数据可以更好地证明股吧中的内容给用户留下的“印象强度”，而不仅是泛泛阅读甚至是“点开即走”快速浏览，评论量越高的帖子对情绪氛围产生的影响越大。

本书借鉴金秀等（2018）的方法，在前文分析的基础上从信息情绪基调（看涨、看跌）、信息数量（帖子数量）、信息强度（帖子评论量）3 个角度综合测度个股投资者情绪，但与其不同的是本书以帖子评论量数据表示信息强度。由于从阅读数量并不能判别用户对帖子是“点开即走”的泛泛阅读，还是颇为认同的仔细浏览，而股吧用户通过对帖子进行评论发表其观点，评论内容能够直观地体现投资者的情绪态度，评论量与阅读量相比可以更加精准地度量投资者情绪。帖子的评论数量体现出情绪的“强度”，相应看涨或看跌观点下评论量越高的帖子对情绪氛围的影响程度越大，因此本书在借鉴金秀等构建投资者情绪指数方法的基础上，选取帖子评论量信息代替阅读量信息来反映信息强度。

“情绪基调”体现的是投资者对市场的预期，积极情绪（P）即对市场看好、消极情绪（C）即对市场不看好；“评论量”反映投资者对信息的关注程度，用 h 表示；发帖数量用 n 表示。计算 t 时期内，某只股票反映积极和消极情绪帖子的总评论量：

$$M_t^{P(C)} = \sum_{i=1}^{n^{P(C)}} h_i^{P(C)} \tag{4-1}$$

其中，n^P 表示 t 时期内发布的积极情绪的帖子总数、n^C 表示 t 时期内发布的消极情绪的帖子总数，h_i^P 表示第 i 条积极情绪帖子的评论数、h_i^C 表示第 i 条消极情绪帖子的评论数，M_t^P 表示 t 时期内积极情绪帖子的总评论量、M_t^C 表示 t 时期内消极情绪帖子的总评论量。

在式（4-1）的基础上构建个股投资者情绪指数 RS：

$$RS_t = \frac{M_t^P - M_t^C}{M_t^P + M_t^C} \tag{4-2}$$

RS_t 表示单只股票 t 时期的投资者情绪指数，取值区间为［-1，1］，RS 小于 0 时表示投资者持消极态度，RS 越接近于-1，投资者情绪消极程度越高；RS 大于 0 时表示投资者持积极态度，RS 越接近于 1，投资者情绪积极程度越高。

表 4.4 为国药一致（000028）2018 年 9 月 1 日至 2018 年 10 月 30 日的帖子数、积极情绪帖子数、消极情绪帖子数、每个帖子平均评论量、积极情绪帖子的平均评论量、消极情绪帖子的平均评论量以及计算出来的投资者情绪指数。附表 1~附表 6 列出了随机选取的 6 只股票 2018 年 9 月 1 日至 2019 年 8 月 31 日股吧帖子信息数据。

表 4.4　国药一致投资者情绪指数

日期	帖子数	积极情绪帖子数	消极情绪帖子数	每个帖子平均评论量	积极情绪帖子的平均评论量	消极情绪帖子的平均评论量	投资者情绪指数
2018-09-01	8167	548	5899	203	14	147	-0.9829
2018-09-02	7284	1230	3526	446	75	216	-0.7830
2018-09-03	2351	876	894	528	197	201	-0.0203
2018-09-04	4434	1953	1222	52	23	14	0.4373
2018-09-05	7675	3991	2089	166	86	45	0.5699
2018-09-06	5603	2571	1514	632	290	171	0.4850
2018-09-07	7459	3021	3232	606	246	263	-0.0674
2018-09-08	2993	1311	834	460	201	128	0.4238
2018-09-09	2348	598	794	72	18	24	-0.2761
2018-09-10	163	68	45	64	27	18	0.3909
2018-09-11	1691	391	251	259	60	38	0.4163
2018-09-12	9303	502	3636	319	17	125	-0.9626
2018-09-13	6238	2784	1973	544	243	172	0.3313
2018-09-14	3088	1148	660	68	25	15	0.5032
2018-09-15	5853	1826	2901	39	12	20	-0.4325
2018-09-16	7313	3544	3593	393	190	193	-0.0137
2018-09-17	6261	1220	2720	636	124	276	-0.6650
2018-09-18	3606	536	758	410	61	86	-0.3333
2018-09-19	4486	2379	1066	445	236	106	0.6656
2018-09-20	9455	5771	1772	37	23	7	0.8277
2018-09-21	2440	954	1400	24	9	14	-0.3658
2018-09-22	9217	8438	231	127	116	3	0.9985
2018-09-23	4668	388	1787	536	45	205	-0.9100
2018-09-24	5281	1591	2699	416	125	213	-0.4842
2018-09-25	1235	478	36	52	20	2	0.9887
2018-09-26	8081	2809	1178	121	42	18	0.7009
2018-09-27	8094	141	3865	136	2	65	-0.9973
2018-09-28	7995	342	3977	278	12	139	-0.9853
2018-09-29	8073	5060	2809	123	77	43	0.5288
2018-09-30	8647	3990	2645	52	24	16	0.3894

续表

日期	帖子数	积极情绪帖子数	消极情绪帖子数	每个帖子平均评论量	积极情绪帖子的平均评论量	消极情绪帖子的平均评论量	投资者情绪指数
2018-10-01	5561	695	1525	846	106	232	-0.6560
2018-10-02	1301	793	280	323	197	70	0.7783
2018-10-03	135	16	77	1	0	1	-0.9172
2018-10-04	1775	1021	32	172	99	3	0.9980
2018-10-05	6357	2854	2038	198	89	64	0.3246
2018-10-06	7731	3673	2587	232	110	78	0.3368
2018-10-07	3652	391	1645	66	7	30	-0.8930
2018-10-08	922	682	184	126	94	25	0.8643
2018-10-09	8878	5533	1737	394	246	77	0.8206
2018-10-10	6460	1973	2030	391	119	123	-0.0285
2018-10-11	3142	1290	20	4	2	0	0.9995
2018-10-12	9576	3597	2012	170	64	36	0.5234
2018-10-13	2205	566	1546	17	4	12	-0.7636
2018-10-14	9770	2422	3041	618	153	192	-0.2237
2018-10-15	6991	2916	3506	27	11	13	-0.1822
2018-10-16	9248	3938	1460	418	178	66	0.7583
2018-10-17	629	98	358	30	5	17	-0.8606
2018-10-18	9054	4492	2746	654	324	198	0.4559
2018-10-19	3989	1886	955	50	24	12	0.5918
2018-10-20	9853	4190	2187	182	77	40	0.5718
2018-10-21	6202	3326	2065	245	131	81	0.4435
2018-10-22	6175	2073	1760	232	78	66	0.1622
2018-10-23	1296	621	385	661	317	196	0.4447
2018-10-24	1174	498	296	566	240	143	0.4779
2018-10-25	8668	2747	1619	264	84	49	0.4844
2018-10-26	4654	2061	1842	419	185	166	0.1119
2018-10-27	3709	1176	1608	97	31	42	-0.3030
2018-10-28	8617	2980	3679	44	15	19	-0.2077
2018-10-29	7204	3138	460	72	31	5	0.9579
2018-10-30	7607	2918	2096	312	120	86	0.3193

4.4.2 个股投资者情绪指数的有效性分析

基于个股投资者情绪指数数据，我们随机选取几只股票计算其月度投资者情绪指数来对该指数构建的有效性进行分析。选取的股票有：卫宁健康（300253）、马钢股份（600808）、深圳华强（000062）、湖南黄金（002155）、国药一致（000028）、安通控股（600179）、万丰奥威（002085）、广晟有色（600259）、浙江医药（600216）、迪马股份（600565）。

从图4.1中可以看出，卫宁健康个股投资者情绪指数在2018年9月达到最大值。国务院在2018年8月底发布的《深化医药卫生体制改革2018年下半年重点工作任务》中指出互联网医疗将逐步纳入医保体系，而卫宁健康是国内第一家专注于医疗健康信息化的上市公司，该政策对于公司的发展具有极其重要的推动作用。信息发布后卫宁健康的个股投资者情绪高涨，在东方财富网股吧中，9月3日当天发帖量高达3449条，帖子总评论量更是高达约52万条，投资者发布的所有帖子和评论均为看涨情绪，当日该股票涨停，日收益率达10%，这体现出当市场中出现利好消息时，个股投资者的情绪高涨会进一步推动股价的上升。

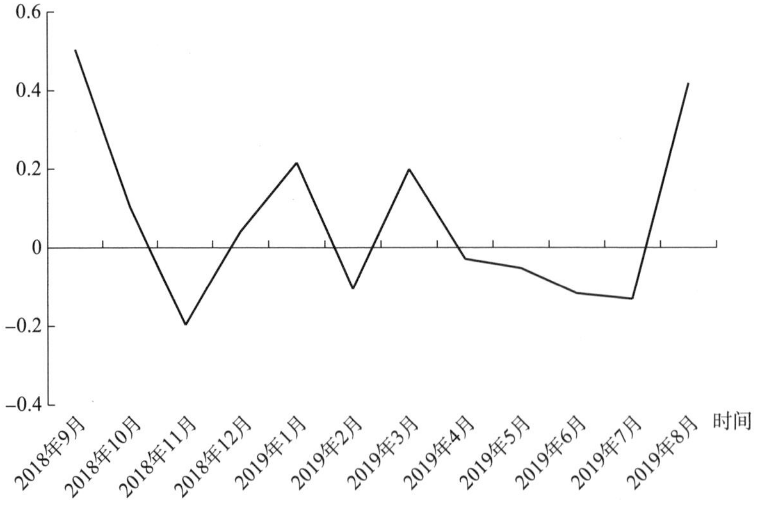

图4.1 卫宁健康个股投资者情绪指数趋势

从图 4. 2 中可以看出，马钢股份个股投资者情绪在 2018 年 9 月最为悲观。9 月 10 日下午采暖季限产比例指标将取消的消息广泛传播，导致投资者对于钢铁股的恐慌情绪迅速蔓延。在东方财富网股吧中，限产的主要对象——钢铁股中的马钢股份板块，当日看跌帖子评论量高达约 46 万条，个股投资者情绪指数低至 -0. 999，9 月 11 日马钢股份跌停，日收益率为 -10%，而次日投资者情绪依旧低迷，情绪指数低至 -0. 951。这体现出个股投资者情绪不仅会对股票价格波动造成影响，收益率的下降还会进一步对投资者情绪持续产生影响。

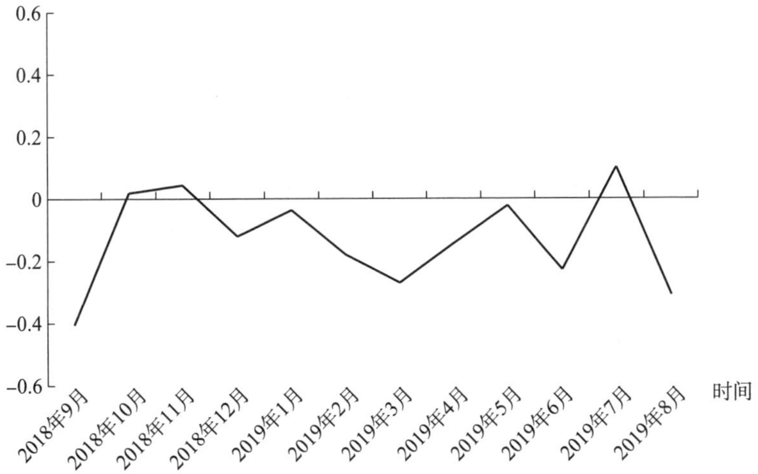

图 4. 2　马钢股份个股投资者情绪指数趋势

从图 4. 3 中可以看出，深圳华强在 2019 年 3 月个股投资者情绪指数达到最小值。深圳华强的经营门店多集中于华强北，2019 年 3 月深圳华强绝大部分店铺面临巨大营运压力，舆论和企业内部都为深圳华强带来巨大压力，华强北“关铺潮”导致企业正常生产经营活动面临困难，投资者情绪急剧降温。

从图 4. 4 中可以看出，湖南黄金在 2019 年 5 月的个股投资者情绪指数达到最大值，由于 2019 年 5 月全球经济数据低于预期，投资者通过黄金躲避金融风险的情绪持续回升，黄金板块迎来资金涌入，2019 年 5 月湖南黄金的投资者情绪迅速升温。

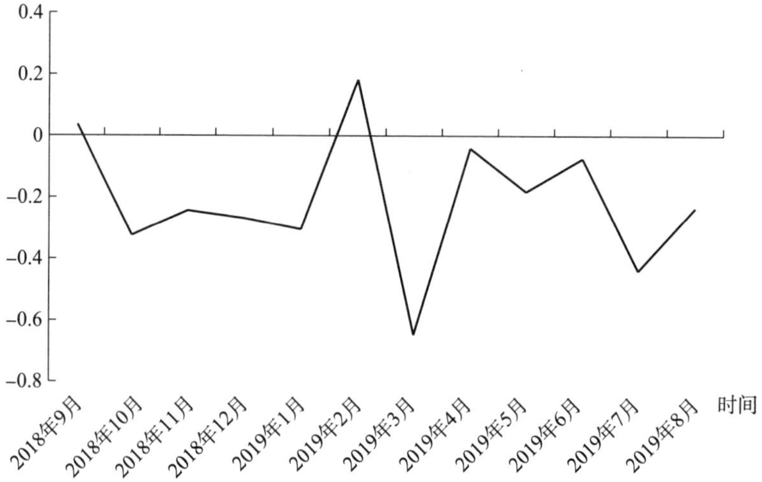

图 4.3　深圳华强个股投资者情绪指数趋势

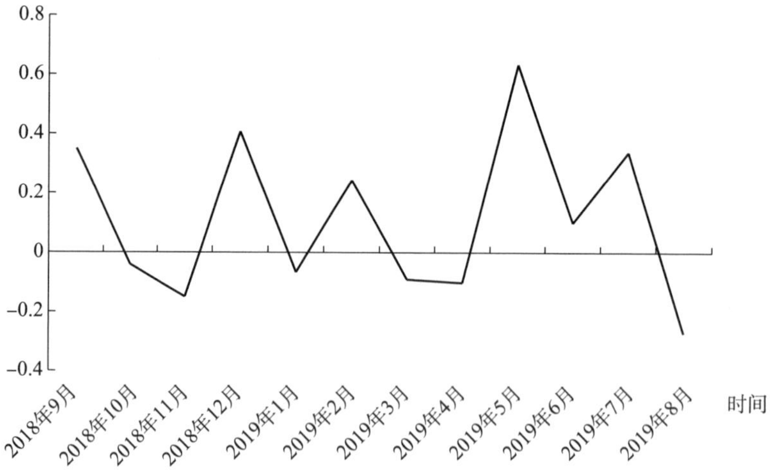

图 4.4　湖南黄金个股投资者情绪指数趋势

从图 4.5 中可以看出，国药一致个股投资者情绪在 2018 年 11 月处于较为悲观状态。2018 年 6 月国药一致引入战略投资者沃博联（WBA）以扩大国大药房的运营规模并增强扩张能力，国大药房从此变为中外合资企业，并且从 2018 年第三季度开始，国药一致对国大药房的控股由 100%降为 60%，这意味着国药一致最大的利润增长点被摊薄，而沃博联入股的积极效果在短时间内又无法显现，导致投资者在短期内对国药一致普遍持悲观的态度。在东方财富网股吧中，11 月 5 日当天发帖量高达 9696 条，投资者发布的消极评论约为积极评论的 200 倍，这体现出当企业由于战略决策改变导致持股减少时，短期内个股投资者会对企业未来的收益持悲观态度。

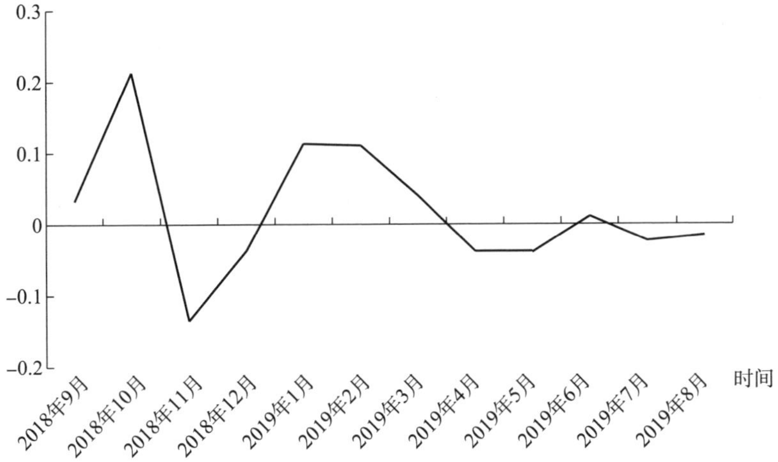

图 4.5　国药一致个股投资者情绪指数趋势

从图 4.6 中可以看出，安通控股个股投资者情绪在 2019 年 1—8 月一直处于消极状态。原因主要有以下两方面：一方面安通控股于 2016 年借壳黑化股份上市，但 2016—2018 年并未完成业绩承诺，投资者难以对其持乐观态度；另一方面安通控股在 2019 年 4 月发布的 2018 年年报中自曝实际控制人、原董事长和法定代表人郭东泽存在非法占用资金和违规担保行为，且金额巨大，2019 年 5 月 9 日上交所就此向安通控股发出了问询函，进一步助长了投资者的看跌情绪。在东方财富网股吧中，5 月 9 日当天投资者发帖量较前一日暴涨约 2000 条，当日投资者发布的消极评论约为积极评论的 200 倍，这体现出企业未达到承诺收益和违规行为都会助长个股投资者的消极情绪。

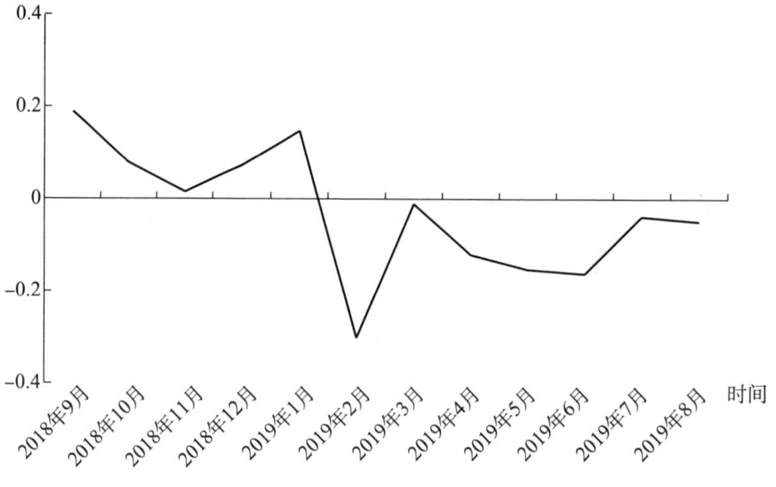

图 4.6　安通控股个股投资者情绪指数趋势

从图 4.7 中可以看出，万丰奥威个股投资者情绪在观测期内长时间处于悲观状态。原因：一是受汽车行业整体下行的影响，万丰奥威严重依赖汽车制造业的弊端被放大；二是万丰奥威所收购的雄伟精工的实际净利润与承诺额相去甚远，这些都使投资者对万丰奥威未来发展持消极态度。2019 年 6 月中国证监会发行审核委员会审核通过了万丰奥威定向增发申请，这一消息发布后导致万丰奥威的个股投资者情绪高涨，这体现出企业战略决策和市场利好消息都会影响个股投资者的情绪。

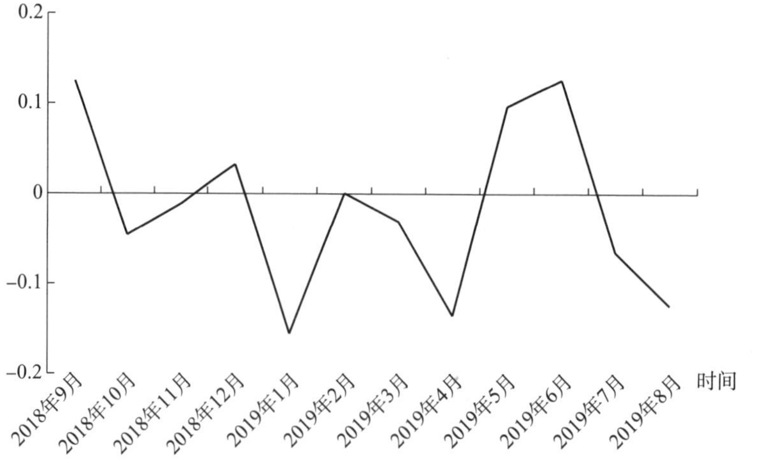

图 4.7　万丰奥威个股投资者情绪指数趋势

从图 4.8 中可以看出，广晟有色个股投资者情绪自 2018 年 11 月起呈波动上升的态势。这是由于云南腾冲海关于 2018 年 11 月禁止包括稀土资源在内的所有资源进口、中国工信部联合 11 部委于 2019 年 1 月 4 日下发《关于持续加强稀土行业秩序整顿的通知》来确保我国稀土资源有序开采，导致稀土行业上游供给收缩，推动了稀土资源价格上升，而广晟有色是广东稀土集团旗下上市公司，产品以中重稀土为主，因此投资者对广晟有色的乐观情绪持续升温。在东方财富网股吧中，1 月 4 日当天投资者发帖量较前一日暴涨约 6000 条，这体现出行业政策和进口禁令等都会影响个股投资者的情绪。

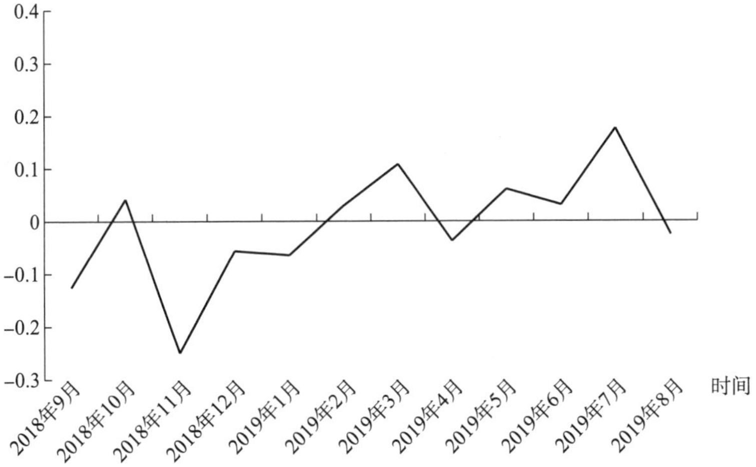

图 4.8 广晟有色个股投资者情绪指数趋势

从图 4.9 中可以看出，浙江医药个股投资者情绪在 2018 年 11 月达到最大值。浙江医药在 2018 年 11 月 28 日晚发布公告，其独家生产的新一代无氟喹诺酮类抗感染药物——苹果酸奈诺沙星胶囊被纳入《国家医保目录（2019 版）》“协议期内谈判药品部分”，这不仅有利于该药品未来的推广和销售，而且对浙江医药的经营业绩会产生积极影响。信息发布后浙江医药的个股投资者情绪高涨，在东方财富网股吧中，11 月 28 日当天积极评论量急速增长，为消极评论量的 5.4 倍，这体现出市场中出现利好消息会推动个股投资者情绪升温。

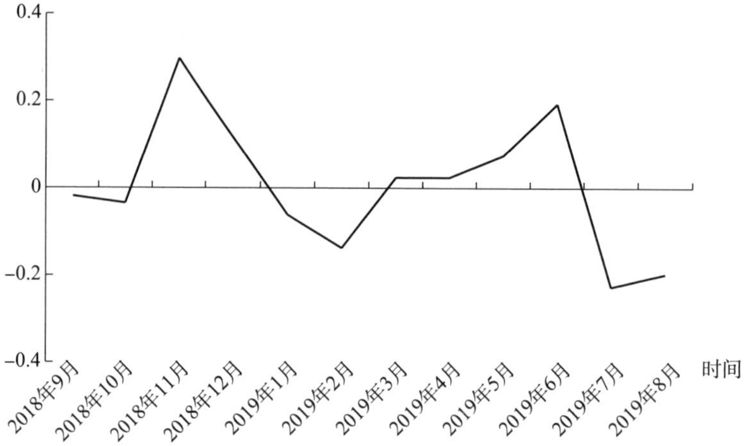

图 4.9　浙江医药个股投资者情绪指数趋势

从图 4.10 中可以看出，迪马股份个股投资者情绪在 2019 年 1 月达到最大值。迪马股份在 2019 年 1 月 3 日晚间发布公告，公司的子公司重庆同原房地产开发有限公司通过联合竞拍方式竞得沙坪坝区两宗地块，扩大了公司优质土地的储备规模，进一步推进迪马股份在优势区域布点，有利于公司长期稳定发展。信息发布第二天，迪马股份个股投资者乐观情绪高涨，在东方财富网股吧中，1 月 4 日当天发帖量暴涨约 6000 条，积极评论量急速增长，为消极评论量的 4.3 倍，这体现出公司发布利好消息有助于提升投资者对公司股票的乐观情绪。

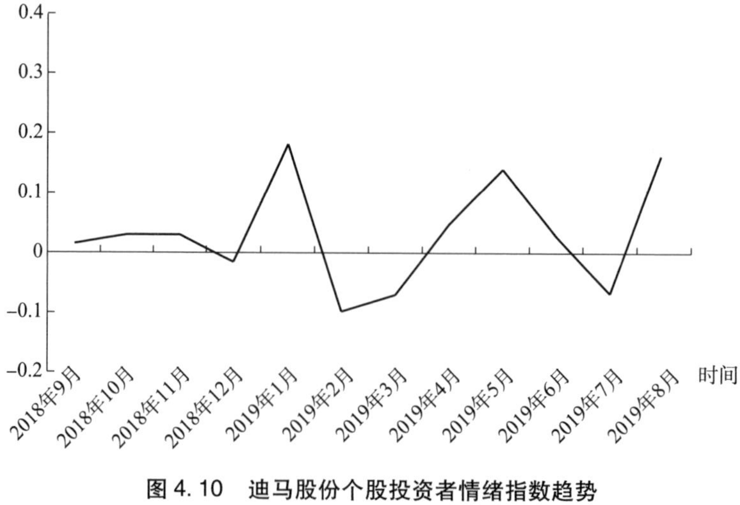

图 4.10　迪马股份个股投资者情绪指数趋势

4.5　本章小结

本章基于互联网大数据视角，选取中国股票市场上最具影响力、访问量最大的股票网络论坛——东方财富网股吧为文本挖掘的来源，选取中证500指数的成分股作为研究对象构建个股投资者情绪指数。第一步，使用Python软件挖掘东方财富网股吧中中证500指数的500只成分股自2018年9月1日至2019年8月31日共365天的股评帖子信息。第二步，构建情感词典。第三步，基于LSTM模型对股评信息进行分类。第四步，借鉴金秀等（2018）的方法，从信息情绪基调（看涨、看跌）、信息数量（帖子数量）、信息强度（帖子评论量）3个角度综合测度个股投资者情绪，将帖子评论量作为信息强度的衡量指标，进而构建个股投资者情绪指数。

本章随机选取10只股票：卫宁健康（300253）、马钢股份（600808）、深圳华强（000062）、湖南黄金（002155）、国药一致（000028）、安通控股（600179）、万丰奥威（002085）、广晟有色（600259）、浙江医药（600216）、迪马股份（600565），对个股投资者情绪指数进行有效性分析。分析结果表明：本章构建的个股投资者情绪指数与股票市场有良好的一致性。

第5章

个股投资者情绪指数与股票收益率的关系研究

有不少国内外学者对投资者情绪与股票收益率关系进行了研究，但是并没有形成一致的结论。首先，本章基于个股投资者情绪与股票收益关系进行理论分析并提出假设；其次，基于本书构建的个股投资者情绪指数与股票收益数据进行实证分析并得出结论；最后，分析了不同市值、不同行业以及不同市场态势情况下两者关系的异质性。

5.1　理论分析与假设提出

现有研究关于投资者情绪与股票市场关系的结论并不一致，为了研究个股投资者情绪与股票收益率的关系，本书依据东方财富网股吧中的股评信息建立个股投资者情绪指数，并研究其与股票收益率之间的关系。

由于股票市场信息的不完全性，以及投资者交易经验、投资理念和信息分辨能力等主观因素的影响，市场中大部分个人投资者的决策都是非理性的，其投资决策易受到群体情绪的影响。投资者在股吧发布的信息体现了自己的投资预期并形成一种情绪氛围，这种氛围会使查看信息的用户产生共鸣，并在一定程度上影响其他投资者的预期和决策，最终对股票价格的变动产生影响。投资者的情绪越高，表明投资者对市场较为看好并倾向于持有该股票，进而引起股票未来收益率的提高；反之则投资者对市场持看空态度，认为股票收益率未来会走低，故投资者的情绪会对股票收益率产生影响。同时我国股市中的个人投资者占比较大，缺乏较为专业的投资知识与技巧，其情绪易受股票价格变化的影响，股票价格上升会推动投资者情绪的高涨，而股票价格的下降也会使得投资者情绪低落。Swaminathan（1996）、Brown 和 Cliff（2004）、王美今和孙建军（2004）、张丹（2009）等研究发现，投资者情绪的变化与股票市场收益率有很强的正相关性，投资者情绪高涨时股票指数收益率会升高。因此我们推测本书根据股吧信息构建的个股投资者情绪与股票收益率之间存在显著的正相关关系，故提出如下假设：

H1a：个股投资者情绪对股票收益率有正向影响。

H1b：股票收益率对个股投资者情绪有正向影响。

流通市值较大的公司股价走势较稳健，投资者情绪等非理性因素对股票价格变化的冲击力度相对较小，因此投资者情绪对股票价格变动的影响程度较小，同时流通市值较大的公司具有完善的管理制度，信息透明度高、可信度高，公众对其关注度较高，进而信息传播成本较低，传播途径多、范围广，投资者更倾向于根据公开信息评估企业价值并决定其投资决策，因此股票价格的变动对投资者情绪的影响较小。流通市值较小的公司信息透明度低，消息传播成本比流通市值较大的公司相对较高，投资者难以从市场中及时准确地获取相关信息，因此投资者会更多地关注到股票价格的变动，投资者情绪更易受到股票价格变化的影响。Brown 和 Cliff（2004）通过对股票进行多种分类研究发现，投资者情绪对公司规模较小的股票、新发行的股票和成长速度较快的股票等的联动效应更显著；易志高（2009）等研究发现投资者会主观地对投资标的资产进行分类（如大盘股、价值股等），对不同资产类型形成相应的偏好，并分别对各类型的资产进行投资决策，进而影响股票价格的变化。因此我们推断，流通市值越大的公司其股票收益率的变化对个股投资者情绪变化的影响越小，同时个股投资者情绪对股票价格的影响也越小，故提出如下假设：

H2：公司流通市值越大，个股投资者情绪和个股股票收益率相互影响程度越小。

Moskowitz 和 Grinblatt（1999）的研究发现，同行业内的股票往往比不同行业的股票走势关联度更高，他们将其称为“强劲的行业势头现象”，由于同一行业内各公司的资本结构类似，并且受到的法律监管约束、国家政策变化和宏观经济等因素的影响是相同的，投资者对于这些公司的投融资决策具有相似性；范龙振和王海涛（2004）通过对不同行业内股票回报率的分析发现，中国证券市场中存在着行业价格联动效应。当市场中出现某一公司的相关信息时，随着信息的传播与作用，会对同行业内的其他公司造成影响，该信息会变成行业内的公共信息，对整个行业中公司股票的投资者决策行为产生影响。各行业公司的资本结构和市场竞争程度有一定的差异性，同时不同行业中公司股票的投资者对市场信息处理方式存在差异性，其投资决策行为会因公司所属行业的不同而受影响。因此我们推断，不同行业内的个股投资者情绪和股票收益率之间的影响关系并不完全一致，故提出如下假设：

H3：个股投资者情绪与不同行业股票收益率变动的关系存在差异。

一般来说，同一行业内公司受到的法律监管约束、国家政策变化和宏观经济等因素的影响相同，其产品在市场中的竞争程度和企业生存环境相似，朱宏泉（2001）的研究结果也表明如此。对于竞争较激烈的行业，市场化程度较高，投资者更容易获取公司基本面信息和市场信息，对“噪音”的信任和需求较小，投资决策时更倾向于参考公司基本发展状况，理性因素占主导地位，股票的市场价格更多由股票内在价值决定，进而使投资者情绪与股票收益率之间的相互影响程度有限；相反，对于垄断程度较高的行业，市场竞争程度相对较低，同时由于受到政府政策的保护，公司的生产、经营以及利润较为稳定，投资者获取公司层面信息相对不容易，其投资决策更容易受情绪等非理性因素影响，此时投资者情绪与股票价格变化的相关程度更高。因此提出如下假设：

H4：行业内的竞争程度越高，个股投资者情绪与股票收益率相互影响程度越低。

中国股市存在着明显的牛、熊市交替特征，自2014年6月至2015年7月，上证指数从2048点一路攀升至5178点，中国股市呈现出极度繁荣的景象；而从2015年8月至2016年4月，上证指数从5178点的高点迅速下跌至3003点。很多学者研究发现，投资者对股票收益率变化的反应在牛、熊市中是存在差异性的。顾锋娟和金德环（2013）发现，在牛、熊市中，投资者对于股市信息冲击的反应存在差异性；尹海员和吴兴颖（2019）研究表明投资者情绪在牛市中对日内收益率预测程度较高，而在熊市中投资者情绪则对日内收益率的影响具有显著滞后性。在牛市中，股市交易活跃，市场整体中的投资者情绪普遍高涨，往往会呈现过度自信的心态，对股评等信息关注度较低，投资者极易产生从众行为并进行投资，即使股吧中出现负面信息也不会对投资者的情绪造成过大的影响，此时投资者情绪与股票收益率之间的相互影响程度较小。在熊市中，股市行情整体表现较差，大多数投资者处于观望状态且投资态度较为谨慎，投资者在股吧平台中对股票价格走向的交流与探讨会受到更多投资者的关注并形成较强的情绪氛围，进而影响股票价格的变化，此时投资者情绪对股票收益率变化的影响程度会加重。由于股价的下跌导致个股投资者情绪整体较为低迷，此时投资者对股票价格的变化较敏感，股票价格的下跌对投资者恐慌情绪影响程度较大，因此熊市中股票价格的变化对投资者情绪的影响程度也更高。因此提出如下假设：

H5：熊市中个股投资者情绪与股票收益率的相互影响程度比牛市中更显著。

5.2 实证模型的构建

5.2.1 描述性统计

在实证分析过程中，删除未开盘日的投资者情绪指数数据，保留每只股票 242 个交易日对应的投资者情绪指数数据，选取中证 500 指数成分股日均评论量排名前 100 的股票（见表 4.3），对这 100 只股票进行研究，股票数据来自 Wind 数据库，选取股票收盘价的日度数据。表 5.1 为 100 只样本股的个股投资者情绪指数（RS）和收益率（RT）的描述性统计结果。

表 5.1 2018 年 9 月至 2019 年 8 月个股投资者情绪与股票收益率描述性统计

变量	平均值	标准误	最小值	最大值	总样本量	样本股票数	单只股票样本量
RS	0.037	0.041	−0.999	0.999	24200	100	242
RT	0.002	0.072	−0.100	0.101	24200	100	242

从表 5.1 中可以看出，平均情绪指数大于 0，表明 2018 年 9 月至 2019 年 8 月市场整体情绪是积极的，与平均收益率 0.002 呈现同步性。

5.2.2 模型构建

样本数据的时间区间为 2018 年 9 月 1 日至 2019 年 8 月 31 日，共计 242 个交易日，选取中证 500 指数成分股日均评论量排名前 100 的股票，对这 100 只样本股进行研究。

为了防止出现伪回归的现象，导致原本不相关的变量检验出显著的相关性，对数据进行单位根检验，本书分别采用了 LLC、IPS、Fisher-ADF 三种检验方法对 100 只股票的个股投资者情绪指数和收益率数据进行单位根检验，表 5.2 为单位根检验结果。

表 5.2　单位根检验结果

变量	LLC（Adjusted t）	IPS（w-t-bar）	Fisher（ADF 检验）	平稳性
RS	-6.742* （0.000）	-17.235* （0.000）	37.003* （0.000）	平稳
RT	-41.189* （0.000）	-13.915* （0.000）	25.187* （0.000）	平稳

注：括号内为统计量对应的 P 值。* 表示在 10%的水平下显著。

从表 5.2 中可以看出，各序列均在 10%的置信水平下拒绝了存在单位根的原假设，表明序列均为平稳时间序列，然后采用 Kao 和 Pedroni 方法对上述序列进行协整检验，表 5.3 为检验结果。

表 5.3　“RS-RT”协整检验结果

检验方法	P 值
Kao 协整检验	0.000**
Pedroni 检验	0.009**

注：** 表示在 5%的水平下显著。

检验结果显示，个股投资者情绪指数与股票收益率存在着协整关系，即序列存在长期均衡关系。因此，对 100 只股票数据构建面板向量自回归（PVAR）模型，进而研究个股投资者情绪和股票收益率的关系。

建立个股投资者情绪指数（RS）与股票收益率（RT）的 PVAR 模型。

$$\begin{cases} RS_t = a_0 + \sum_{i=1}^{k} a_i RS_{t-i} + \sum_{i=1}^{k} b_i RT_{t-j} + \varepsilon_t \\ RT_t = a_0 + \sum_{i=1}^{k} a_i RT_{t-i} + \sum_{i=1}^{k} b_i RS_{t-j} + \varepsilon_t \end{cases} \tag{5-1}$$

其中，i 代表第 i 只股票，t 表示时期；j 表示变量的滞后期，a_0 和 a_i 为截距项和滞后项系数矩阵，ε_t 为模型扰动项。

5.3 实证分析

5.3.1 PVAR 模型最优滞后阶数选择和 GMM 估计

根据 AIC、BIC、HQIC 准则，选取各滞后期检验值最小的滞后期，即为模型的最优滞后阶数。在 Stata 15.0 软件中使用 pvar2 命令，得到结果如表 5.4 所示。对于“RS-RT”PVAR 滞后阶数的选择，AIC、BIC、HQIC 三种检验统计量均在滞后期为 2 时取得最小值，因此模型的最优滞后阶数为 2，随后进行 GMM 估计，结果如表 5.5 所示。

表 5.4 PVAR 模型滞后阶数选择

“RS-RT”PVAR 模型滞后阶数检验			
Lag	AIC	BIC	HQIC
1	8.508	10.003	9.090
2	5.745*	7.498*	6.433*
3	5.887	8.002	6.725
4	6.477	9.144	7.545
5	7.447	11.075	8.915

注：*表示在 10%的水平下显著。

表 5.5 PVAR 模型的 GMM 参数估计结果

变量	L1_RS	L1_RT	L2_RS	L2_RT
RS	-0.094 (0.031)	1.883* (0.006)	0.376* (0.013)	0.074 (0.009)
RT	0.749* (0.025)	0.093** (0.010)	0.287** (0.016)	1.025 (0.003)

注：括号中为回归系数标准差；*、**分别表示在 10%、5%的水平下显著；L1、L2 分别表示滞后 1 阶、2 阶。

从表 5.5 中可以看出：

（1）从个股投资者情绪对股票收益率的影响来看，滞后 1 期和 2 期的个股投资者情绪对股票收益率有显著的正向影响，系数分别为 0.749 和 0.287，H1a 成立。

（2）从股票收益率对个股投资者情绪的影响来看，滞后1期的股票收益率对个股投资者情绪有显著的正向影响，系数为1.883，H1b成立。

本书在研究时间区间（2018年9月1日至2019年8月31日）共计242个交易日中随机选取两个时间段，分别为2018年10月8日至2019年3月4日和2019年3月11日至2019年7月31日，对以上两个时间段内100个交易日的数据重复上述分析步骤，结论与上述一致，说明个股投资者情绪指数与股票收益率之间均存在显著的正相关关系。

5.3.2　格兰杰因果关系检验

为进一步探究个股投资者情绪和股票收益率的因果关系，本书对个股投资者情绪指数和股票收益率PVAR模型进行格兰杰（Granger）因果关系检验。表5.6为个股投资者情绪指数序列与股票收益率序列的格兰杰因果关系检验结果，本书使用日度数据，1期即为1天。

表5.6　格兰杰因果关系检验结果

原假设H0	滞后期	1	2	3	4	5
RS不是RT的Granger原因	P值	0.065*	0.073*	0.714	0.614	0.941
RT不是RS的Granger原因	P值	0.081*	0.221	0.403	0.004***	0.039**

注：*、**、***分别表示在10%、5%、1%的水平下显著。

从表5.6中可以看出：

（1）在滞后期为1、2期时，个股投资者情绪指数是股票收益率的Granger原因，即个股投资者情绪的变化短期内会引起股票收益率的变化，但影响周期较短，仅为两期。

（2）在滞后期为1、4、5期时，股票收益率是个股投资者情绪指数的Granger原因，即股票收益率的变动会对个股投资者情绪产生一定的影响，但这种影响具有一定的时滞性，从长期来看，多数投资者的专业能力较弱，对股票市场的判断和股价预期的准确程度有待提高，因此导致股票收益率对投资者情绪的影响有时滞。

5.4　异质性分析

以上研究发现个股投资者情绪与股票收益率之间存在显著的正相

关关系。Brown 和 Cliff（2004）通过对股票进行多种分类研究发现，投资者情绪对公司规模较小、新发行和成长速度较快的股票的联动效应更显著。为探究不同分类下个股投资者情绪与股票收益率的关系是否存在差异，本书从不同市值、不同行业和不同市态三个角度对样本股进行分类，研究不同分类下个股投资者情绪与股票收益率关系的异质性。

5.4.1 不同市值情况下的异质性分析

将中证 500 指数成分股的流通市值由高至低进行排序，按照市值将成分股分为三组，每组 50 只股票，市值排名前 50、第 231 至第 280、排名后 50 的股票分别代表大（A 组）、中（B 组）、小（C 组）市值的样本股，其中 A 组公司平均市值为 214 亿元，B 组公司平均市值为 118 亿元，C 组公司平均市值为 39 亿元，探讨不同市值情况下个股投资者情绪与股票收益率之间的关系。流通市值和股票收盘价数据来源于 Wind 数据库，个股投资者情绪指数构建的数据来源于东方财富网股吧，构建方法与前文相同，在此不再赘述。研究时间区间为 2018 年 9 月 1 日至 2019 年 8 月 31 日，共计 242 个交易日，对这 150 只样本股数据构建面板向量自回归模型进行研究。

经检验，面板数据通过单位根检验，且流通市值大、中、小三组公司的个股投资者情绪与股票收益率均存在着协整关系，即序列存在长期均衡关系。根据 AIC、BIC、HQIC 准则，选取模型的最优滞后阶数，三组样本股数据最优滞后阶数均为 2 阶，对三组样本股的 PVAR 模型分别进行 GMM 估计，并进一步进行格兰杰因果检验，结果如表 5.7、表 5.8 所示。

表 5.7 PVAR 模型的 GMM 参数估计结果

	A 组	B 组	C 组	A 组	B 组	C 组
变量	RS	RS	RS	RT	RT	RT
L1_RS	0.038 (0.014)	−0.006 (0.012)	−0.006 (0.014)	0.001 (0.005)	0.004** (0.025)	0.005* (0.008)
L1_RT	0.072* (0.041)	0.186* (0.037)	0.336** (0.032)	−0.016 (0.021)	0.008* (0.019)	0.047* (0.020)

续表

	A组	B组	C组	A组	B组	C组
变量	RS	RS	RS	RT	RT	RT
L2_RS	-0.015 (0.014)	-0.004 (0.014)	-0.032 (0.014)	0.001** (0.005)	0.002** (0.005)	0.006*** (0.006)
L2_RT	0.039* (0.041)	0.076* (0.037)	0.119* (0.033)	-0.013 (0.019)	0.025 (0.019)	0.003* (0.019)

注：括号中为回归系数标准差；*、**、***分别表示在10%、5%、1%的水平下显著：L1、L2分别表示滞后1阶、2阶。

表5.8　格兰杰因果关系检验结果

原假设H0	滞后期	1	2	3	4	5
RSA不是RTA的Granger原因	P值	0.067*	0.097*	0.025**	0.059*	0.068*
RTA不是RSA的Granger原因	P值	0.037**	0.264	0.345	0.393	0.448
RSB不是RTB的Granger原因	P值	0.216	0.064*	0.661	0.708	0.789
RTB不是RSB的Granger原因	P值	0.099*	0.071*	0.417	0.256	0.029**
RSC不是RTC的Granger原因	P值	0.005**	0.058*	0.727	0.612	0.670
RTC不是RSC的Granger原因	P值	0.076*	0.061*	0.767	0.787	0.098*

注：*、**分别表示在10%、5%的水平下显著。

从以上结果可以看出：

（1）从个股投资者情绪对股票收益率的影响来看，三组流通市值公司滞后1期、2期的个股投资者情绪指数对收益率均有显著的正向影响，滞后1期和滞后2期A（大）、B（中）、C（小）三组回归系数分别为0.072、0.186、0.336和0.039、0.076、0.119，说明随着公司流通市值的增加，个股投资者情绪对股票收益率的影响逐渐减小。

（2）从股票收益率对个股投资者情绪的影响来看，B、C两组流通市值公司滞后1期的股票收益率对个股投资者情绪指数有显著的正向影响，回归系数分别为0.004、0.005；滞后2期的A、B、C三组流通市值公司的股票收益率对个股投资者情绪指数有显著的正向影响，回归系数分别为0.001、0.002、0.006，即随着公司流通市值的增加，股票收益率对个股投资者情绪的影响逐渐减小。

（3）A组（大流通市值）、B组（中流通市值）、C组（小流通市值）公司分别有滞后5期、1期、2期的个股投资者情绪指数是股票收益率的格兰杰原因，大规模流通市值的个股投资者情绪虽然对股票收益率影响程度较小，但影响的时间相对较长。

（4）A组（大流通市值）、B组（中流通市值）、C组（小流通市值）公司分别有滞后1期、3期、3期的股票收益率是个股投资者情绪指数的格兰杰原因，随着公司流通市值的减小，股票收益率对个股投资者情绪的影响时间逐渐增加，这是因为流通市值较大的公司资本实力雄厚，因此该类公司的股票价格变化对投资者情绪的影响是短期的。

综上分析表明，公司的流通市值越大，个股投资者情绪和股票收益率的相互影响程度越小；大流通市值公司的个股投资者情绪的变动对股票收益率的影响时间较长，而随着流通市值的减小，股票收益率对个股投资者情绪的影响时间长度逐渐增加，H2成立。

5.4.2 不同行业下的异质性分析

下文按照《证监会行业分类（2012年修订）》对中证500指数成分股进行行业分类，为了面板数据GMM回归的稳健性，我们将中证500指数成分股根据行业划分后，对行业内上市公司数量低于6家的样本数据进行剔除，最终保留11个行业共101只股票。11个行业分别为：B，采矿业；C，制造业；D，电力、热力、燃气及水生产和供应业；E，建筑业；F，批发和零售业；G，交通运输、仓储和邮政业；I，信息传输、软件和信息技术服务业；J，金融业；K，房地产业；L，租赁和商务服务业；R，文化、体育和娱乐业。

研究时间区间仍为2018年9月1日至2019年8月31日，共计242个交易日，对这101只样本股数据构建面板向量自回归模型，研究不同行业下个股投资者情绪与股票收益率关系的异质性。经检验，面板数据通过单位根检验，且11个行业的个股投资者情绪与股票收益率均存在着协整关系，即序列存在长期均衡关系。对11组样本股票数据分别构建面板向量自回归（PVAR）模型，研究不同行业中上市公司的个股投资者情绪与股票收益率的关系。根据 AIC、BIC、HQIC 准则，选取模型的最优滞后阶数，采矿业，批发和零售业，文化、体育和娱乐业，房地产业的最优滞后阶数为 1 阶；制造业，电力、热力、燃气及水生产和供应业，建筑业，金融业，信息传输、软件和信息技术服务业，租赁和商务服务业的最优滞后阶数为 2 阶；交通运输、仓储和邮政业的最优滞后阶数为 3 阶。

借鉴朱宏泉（2014）对不同行业市场竞争程度的定义，即当行业内的净资产收益率均值高、标准差低时，那么这个行业内的市场竞争程度就较低；反之则较高。参照这一标准，本书将中证 500 指数成分股样本中的 11 个行业按照市场竞争程度由高至低划分为 3 组。市场竞争程度较高的行业为：I，信息传输、软件和信息技术服务业；K，房地产业；L，租赁和商务服务业。市场竞争程度中等的行业为：E，建筑业；F，批发和零售业；J，金融业；R，文化、体育和娱乐业。市场竞争程度较低的行业为：B，采矿业；C，制造业；D，电力、热力、燃气及水生产和供应业；G，交通运输、仓储和邮政业（见表 5.9）。

表 5.9　行业分组情况

分组	行业
低市场竞争程度行业	B：采矿业 C：制造业 D：电力、热力、燃气及水生产和供应业 G：交通运输、仓储和邮政业
中市场竞争程度行业	E：建筑业 F：批发和零售业 J：金融业 R：文化、体育和娱乐业
高市场竞争程度行业	I：信息传输、软件和信息技术服务业 K：房地产业 L：租赁和商务服务业

对这 3 组市场竞争程度不同的行业分别做 GMM 估计，回归参数如表 5.10、表 5.11、表 5.12 所示。

表 5.10 低市场竞争程度行业 PVAR 模型的 GMM 参数估计结果

行业	B		C		D		G	
变量	RS	RT	RS	RT	RS	RT	RS	RT
L1_RS	−0.025 (0.021)	0.041** (0.007)	0.024 (0.020)	0.005 (0.007)	0.024* (0.020)	0.007 (0.005)	0.010 (0.020)	0.001 (0.006)
L1_RT	0.691*** (0.064)	0.019** (0.032)	0.689 (0.056)	0.035 (0.025)	0.065 (0.079)	0.062* (0.026)	0.762 (0.061)	0.086*** (0.029)
L2_RS			0.007 (0.020)	0.016** (0.007)	0.061** (0.025)	0.032*** (0.005)	0.026 (0.025)	0.025*** (0.068)
L2_RT			0.593*** (0.054)	0.035 (0.022)	1.843** (0.077)	0.009 (0.024)	0.422** (0.061)	0.004 (0.025)
L3_RS							0.017 (0.020)	0.017* (0.066)
L3_RT							1.556** (0.061)	0.024* (.021)

注：括号中为回归系数标准差；*、**、***分别表示在10%、5%、1%的水平下显著；L1、L2、L3分别表示滞后1阶、2阶、3阶。

表 5.11 中市场竞争程度行业 PVAR 模型的 GMM 参数估计结果

行业	E		F		J		R	
变量	RS	RT	RS	RT	RS	RT	RS	RT
L1_RS	−0.018* (0.027)	0.000 (0.007)	−0.032 (0.028)	0.006** (0.003)	0.015 (0.020)	0.006 (0.001)	0.022*** (0.025)	0.004*** (0.008)
L1_RT	0.551 (0.062)	−0.040* (0.024)	0.045*** (0.067)	0.013 (0.031)	0.012 (0.040)	0.046* (0.028)	0.555* (0.053)	0.028 (0.028)
L2_RS	0.038*** (0.021)	0.007** (0.005)			0.029 (0.020)	0.009* (0.001)		
L2_RT	0.508*** (0.069)	0.031** (0.025)			0.862** (0.039)	0.038 (0.021)		

注：括号中为回归系数标准差；*、**、***分别表示在10%、5%、1%的水平下显著；L1、L2分别表示滞后1阶、2阶。

表 5.12 高市场竞争程度行业 PVAR 模型的 GMM 参数估计结果

行业	I		K		L	
变量	RS	RT	RS	RT	RS	RT
L1_RS	0.011 (0.022)	0.015 (0.009)	0.023 (0.022)	0.004** (0.007)	0.008 (0.026)	0.005 (0.002)

续表

行业	I		K		L	
变量	RS	RT	RS	RT	RS	RT
L1_RT	0.207* (0.050)	0.012 (0.024)	0.165*** (0.060)	0.033* (0.030)	0.855 (0.065)	0.018 (0.033)
L2_RS	0.013 (0.021)	0.005*** (0.006)			0.036** (0.031)	0.001** (0.001)
L2_RT	0.359*** (0.049)	0.862** (0.022)			0.318*** (0.066)	0.046* (0.032)

注：括号中为回归系数标准差；*、**、***分别表示在10%、5%、1%的水平下显著；L1、L2分别表示滞后1阶、2阶。

从以上结果可以看出：

（1）从个股投资者情绪对股票收益率的影响来看，对低市场竞争程度行业组而言，滞后1阶的行业B的个股投资者情绪指数对股票收益率有显著的正向影响，回归系数为0.691；滞后2阶的行业C、D、G的个股投资者情绪指数对股票收益率均有显著的正向影响，回归系数分别为0.593、1.843、0.422；滞后3阶的行业G的个股投资者情绪指数对股票收益率有显著的正向影响，回归系数为1.556。对中市场竞争程度行业组而言，滞后1阶的行业F、R的个股投资者情绪指数对股票收益率有显著的正向影响，回归系数分别为0.045、0.555；滞后2阶的行业E、J的个股投资者情绪指数对股票收益率均有显著的正向影响，回归系数分别为0.508、0.862。对高市场竞争程度行业组而言，滞后1阶的行业I、K的个股投资者情绪指数对股票收益率有显著的正向影响，回归系数分别为0.207、0.165；滞后2阶的行业I、L的个股投资者情绪指数对股票收益率均有显著的正向影响，回归系数分别为0.359、0.318。对比3组回归系数可知，市场竞争程度越高，个股投资者情绪对股票收益率的影响程度越低。

（2）从股票收益率对个股投资者情绪的影响来看，对低市场竞争程度行业组而言，滞后1阶的行业B的股票收益率对个股投资者情绪指数有显著的正向影响，回归系数为0.041；滞后2阶的行业C、D、G的股票收益率对个股投资者情绪指数均有显著的正向影响，回归系数分别为0.016、0.032、0.025；滞后3阶的行业G的个股投资者情绪指数对股票收益率有显著的正向影响，回归系数为0.017。对中市场竞争程度行业组而言，滞后1阶的行业F、R的股票收益率对个股投资者情绪指数有显著的正向影响，回归系数分别为0.006、0.004；滞后2阶的行业E、J的股票收益率对个股投资者情绪指数均有显著的正向影响，回归系数分别为0.007、0.009。对高市场竞争程度行业组而言，滞后1阶的行业K的股票收益率对个股投资者情绪指数有显著的正向影响，回归系数为0.004；滞后2阶的行业I、L的股票收益率对个股投资者情绪指数均有显著的正向影响，回归系数分别为0.005、0.001。对比3组回归系数可知，市场竞争程度越高，股票收益率对个股投资者情绪的影响程度越低，H3、H4成立。

5.4.3 不同市态下的异质性分析

本书借鉴Pagan和Sossounov（2001）对牛熊市的划分方式，对本书研究时间区间进行划分，其划分思想为：用某月的平均股票价格与前后窗口期的股票价格做对比，如果该月的价格为最高点，则得到一个峰值，反之，则得到一个谷点。通过对连续波峰或波谷进行再次比较，选出的极点就是牛熊市的转折。如图5.1所示，本书参考上述划分标准，观察上证指数收盘点位趋势图可发现，2019年1月3日达到了2464.36的最低点，4月19日达到了3270.8点的最高点，因此本书将2018年9月3日到2019年1月3日定义为熊市，共81个交易日；将2019年1月4日到2019年4月19日定义为牛市，共70个交易日，选取股评信息量排名前150的样本股数据，进行牛熊市划分后，探讨不同市态下样本股的个股投资者情绪与股票收益率之间的关系。

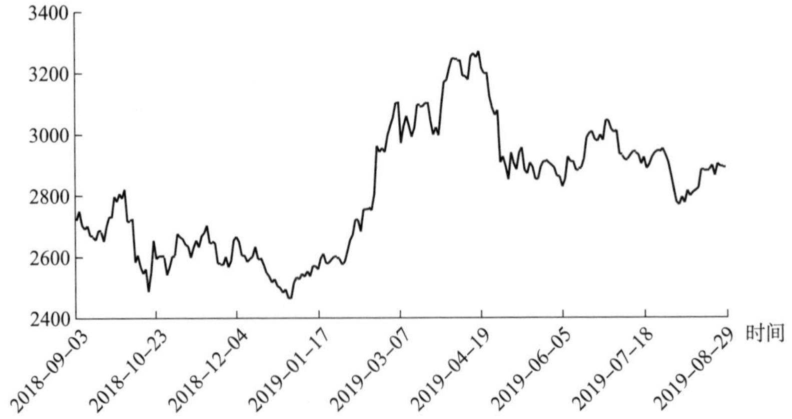

图5.1 上证指数收盘点位趋势

经检验，面板数据通过单位根检验，且牛市与熊市下的个股投资者情绪指数与股票收益率均存在着协整关系，即序列存在长期均衡关系。因此，对两组样本股票数据分别构建面板向量自回归（PVAR）模型，研究不同市态下样本股的个股投资者情绪与股票收益率的关系。根据 AIC、BIC、HQIC 准则，选取模型的最优滞后阶数，牛市、熊市最优滞后阶数均为 1 阶。对牛熊市样本股 PVAR 模型分别进行 GMM 估计，并进行格兰杰因果检验，检验结果如表 5.13、表 5.14 所示。

表 5.13 各市态下 PVAR 模型的 GMM 参数估计结果

变量	牛市	熊市	牛市	熊市
	RS	RS	RT	RT
L1_RS	0.005 (0.017)	0.013** (0.016)	0.003** (0.007)	0.007*** (0.006)
L1_RT	0.030** (0.038)	0.256*** (0.040)	0.077* (0.025)	0.010 (0.021)

注：括号中为回归系数标准差；*、**、***分别表示在 10%、5%、1%的水平下显著；L1 表示滞后 1 阶。

表 5.14 格兰杰因果关系检验结果

	原假设 H0	滞后期	1	2	3	4	5
牛市	RS 不是 RT 的 Granger 原因	P 值	0.043**	0.070*	0.139	0.223	0.407
	RT 不是 RS 的 Granger 原因	P 值	0.039**	0.484	0.587	0.690	0.336
熊市	RS 不是 RT 的 Granger 原因	P 值	0.002***	0.074*	0.079*	0.744	0.871
	RT 不是 RS 的 Granger 原因	P 值	0.009***	0.037**	0.847	0.589	0.709

注：*、**、***分别表示在 10%、5%、1%的水平下显著。

从上述结果可以看出：

（1）从个股投资者情绪对股票收益率的影响来看，在牛市中，滞后 1 阶的个股投资者情绪指数对股票收益率有显著正向影响，回归系数为 0.030；在熊市中，滞后 1 阶的个股投资者情绪指数对股票收益率有显著正向影响，回归系数为 0.256；对比两组回归系数可知，熊市的个股投资者情绪对股票收益率的影响程度较高。

（2）从股票收益率对个股投资者情绪的影响来看，在牛市中，滞后 1 阶的股票收益率对个股投资者情绪指数有显著正向影响，回归系数为

0.003；在熊市中，滞后1阶的股票收益率对个股投资者情绪指数有显著正向影响，回归系数为0.007。对比两组回归系数可知，熊市的股票收益率对个股投资者情绪的影响程度较高。

（3）牛市中滞后1、2期的个股投资者情绪指数是股票收益率的格兰杰原因，而熊市中滞后1、2、3期的个股投资者情绪指数是股票收益率的格兰杰原因，说明熊市中个股投资者情绪对股票收益率的影响更为持久。

（4）牛市中滞后1期的股票收益率是个股投资者情绪指数的格兰杰原因；而熊市中滞后1、2期的股票收益率是个股投资者情绪指数的格兰杰原因，说明熊市中股票收益率对个股投资者情绪的影响更为持久。

综上分析表明，熊市中个股投资者情绪与股票收益率之间的影响关系较牛市中更为显著；熊市中个股投资者情绪与股票收益率变动之间的影响较稳定且比在牛市中的影响更持久。原因在于牛市中，市场整体中的投资者情绪普遍高涨，投资者更易产生从众行为进行投资并且对市场信息关注度较低，即使股吧中出现负面信息也不会对投资者的情绪造成过大的影响；而熊市中个股投资者情绪整体较为低迷，投资态度谨慎，股吧中出现负面消息便会加剧投资者恐慌情绪，投资者对股票价格的变化较敏感。

5.5 本章小结

本章通过运用文本挖掘技术爬取东方财富网2018年9月1日至2019年8月31日中证500指数成分股的500家上市公司的股评信息数据，根据日均评论量由高到低排序选取前100家公司股评信息数据构建个股投资者情绪指数并计算股票波动率。通过建立面板向量自回归模型（PVAR），运用GMM估计和格兰杰因果关系检验等实证方法研究个股投资者情绪指数与股票收益率的关系，并进一步探讨了不同市值水平、不同行业、不同市态下个股投资者情绪与股票收益率关系的异质性。

通过研究分析得到如下结论：

（1）个股投资者情绪对股票收益率有显著的正向影响且影响周期较短，股票收益率也会引起个股投资者情绪正向变动但具有一定的时滞性。

（2）公司流通市值越大，个股投资者情绪和股票收益率的相互影响程度越小。这是由于流通市值较大的公司大盘较稳健，投资者情绪等非理性因素对股票价格变化的冲击力度相对较小；而流通市值较小的公司信息透明度低，消息传播成本比流通市值较大的公司相对较高，因此投资者会更多地关注到股票价格的变动，投资者情绪更易受到股票价格变化的影响。

（3）个股投资者情绪与不同行业股票收益率变动的关系存在差异性，行业内的竞争程度越高，公司的个股投资者情绪与股票收益率变动之间的影响程度越小。在竞争较激烈的行业，市场化程度较高，投资者对“噪音”的信任度低且需求较小，投资决策时理性因素占主导地位，股票的市场价格更多由股票内在价值决定，进而导致投资者情绪与股票收益率之间的相互影响程度有限。

（4）熊市中个股投资者情绪与股票收益率的相互影响比牛市中更显著，且影响更持久。在牛市中市场整体的投资者情绪普遍高涨，往往会呈现过度自信的心理并极易产生从众行为，导致投资者情绪与股票收益率之间的相互影响程度较小；在熊市中股市行情整体表现较差，投资者情绪较为低迷，大多数投资者的投资态度较为谨慎，此时投资者对股票价格的变化较敏感，股票价格的下跌对投资者恐慌情绪影响程度较大，因此熊市中股票价格的变化对投资者情绪的影响程度也更大。

第 6 章

个股投资者情绪指数与股票波动率的关系研究

有不少国内外学者对投资者情绪与股票波动率关系进行了研究，但是并没有形成一致的结论。首先，本章基于个股投资者情绪与股票波动率关系进行理论分析并提出假设；其次，基于本书构建的个股投资者情绪指数与股票波动率数据进行实证分析并得出结论；最后，分析了不同市值、不同换手率以及不同市场态势情况下两者关系的异质性。

6.1　理论分析与假设提出

现有文献对投资者情绪与股票波动率关系的相关研究存在分歧，本书从个股投资者情绪指数出发，研究个股投资者情绪与股票波动率的关系并进一步分析在不同市值水平、不同换手率水平、不同市场态势下个股投资者情绪与股票波动率关系的异质性。

从个股投资者情绪对股票波动率的影响来看，一方面，当个股投资者情绪低迷时，看跌情绪使投资者不断抛售手中的股票以保持现有盈利水平或者防止亏损扩大，这加剧了股票价格的波动；另一方面，由于“赚钱效应”的存在，当投资者情绪高涨时，看涨情绪使投资者产生盈利的预期，投资者选择继续持有股票而不急于抛售，因此高涨的投资者情绪会降低成交量进而稳定股票波动率。从股票波动率对个股投资者情绪的影响来看，主要包括两个方面的影响，并且两个方面的影响相互作用。一方面，我国股票交易市场的投资主体以散户为主，中小投资者持“追涨杀跌”与“高抛低吸”的异质性信念，导致个股投资者情绪对股票波动的反应不同从而相互抵消；另一方面，股票收益率快速上涨和急剧下跌都会导致股票波动率的增大，股票收益率波动方向不同，对个股投资者情绪产生的影响也不相同，所以股票波动率对个股投资者情绪影响并不明显。因此提出如下假设：

H1a：个股投资者情绪对股票波动率有显著负向影响。

H1b：股票波动率对个股投资者情绪无显著影响。

基于以上分析，个股投资者情绪对股票波动率有显著负向影响，而股票波动率对个股投资者情绪无显著影响，所以下文主要从个股投资者情绪对股票波动率的影响进行分析并提出假设。

高市值水平的公司获得的市场关注度多，更易为投资者熟知和讨论，产品或者经营业绩等信息更易受到关注和传播，个股投资者情绪通过股吧论坛等平台进行传递的时效快、范围广，股评信息所包含的情绪因素更加丰富且准确。张宗新和王海亮（2013）通过实证分析了投资者情绪与股票波动在不同市场特征下的异质性关系，高市值公司股票相较于低市值公司股票而言，投资者情绪对其波动产生了更明显的影响，高市值公司股票的投资者更易形成一致预期，而对低市值公司股票的一致预期相对更为分散，投资者情绪对高市值公司股票产生的影响比对低市值公司股票更大。另外，相较于不易被市场所熟知的市值较低公司的股票，散户投资者更倾向于对品牌知名度高的高市值公司股票进行投资，加之高市值公司股票交易频繁，交易规模大，所以个股投资者情绪对高市值公司股票波动率的影响更大，因此提出如下假设：

H2：高市值公司的个股投资者情绪对股票波动率有显著负向影响，而在低市值公司中个股投资者情绪对股票波动率的影响并不显著。

换手率反映公司股票在股票交易市场中的流通性，在一定程度上体现公司股票交易活动的频繁程度。何平等（2014）通过实证分析了投资者情绪、换手率、股票波动率的相互关系，发现投资者情绪对股票换手率产生影响，进而导致股票波动率随着投资者情绪的高涨而加大。高换手率的公司股票往往具有交易频繁的特征，一定程度上表明投机者较多，高换手率加之非理性信念的投资者大量存在，导致了股票波动的加剧，这些影响因素使个股投资者情绪更易对股票波动率产生影响，表现更为显著，所以换手率水平较高的公司，个股投资者情绪对股票波动率的影响更大，因此提出如下假设：

H3：个股投资者情绪在高换手率公司股票中对股票波动率产生显著负向影响，而在低换手率公司股票中对股票波动率的影响并不显著。

个股投资者情绪与股票波动率的关系受到市场态势的影响而存在异质

性，余秋玲和朱宏泉（2014）认为牛市中股票交易频繁，投资者获取信息的成本较低，这些因素使投资者更愿意关注宏观经济基本面和公司层面信息等理性因素，投资决策更加理智，从而降低了情绪因素对股票波动率产生的影响程度；相反，熊市中看跌情绪与投资者的恐慌心理相叠加，投资者获取信息成本较高，在对市场认知存在片面性的情况下经常被“小道消息”等非理性因素干扰而忽视基本面信息等理性因素，导致投资者做出错误决策。相较于牛市，在熊市中个股投资者情绪对股票波动率的影响更大，因此提出如下假设：

H4：在熊市中个股投资者情绪对股票波动率有显著负向影响，而在牛市中个股投资者情绪对股票波动率的影响并不显著。

6.2　实证模型的构建

6.2.1　指标的构建及数据说明

1）投资者情绪指数的构建

考虑投资者情绪氛围的营造需要一定的时间，并且投资者情绪对股票波动率的影响存在时滞性，所以本书在研究个股投资者情绪指数与波动率的关系时以月度股评信息构建个股投资者情绪指数。“情绪基调”包含看涨情绪（P）、看跌情绪（C）；论坛中股票帖子的数量用 n 表示；“印象强度”反映股吧内容对投资者的影响程度，用评论数 d 来表示。m 月内，反映看涨情绪和看跌情绪帖子的评论总数如式（6-1）所示：

$$M_t^{P(C)} = \sum_{i=1}^{n^{P(C)}} h_i^{P(C)} \tag{6-1}$$

其中，n^P 表示股吧论坛中用户在 m 月发布的反映投资者积极情绪的帖子总数，n^C 表示股吧论坛中用户在 m 月发布的反映投资者消极情绪的帖子总数。h_i^P 表示股吧论坛中用户在 m 月第 i 条看涨帖子的评论数，h_i^C 表示股吧论坛中用户在 m 月第 i 条看跌帖子的评论数，M_t^P 表示股吧论坛中用户在 m 月内积极情绪帖子的总评论量，M_t^C 表示股吧论坛中用户在 m 月内消极情绪帖子的总评论量，在式（6-1）的基础上构建 t 月个股投资者情绪指数，如式（6-2）所示。

$$RS_t = \frac{M_t^P - M_t^C}{M_t^P + M_t^C} \tag{6-2}$$

2）股票波动率指标的构建

投资者在股票交易过程中做出投资决策涉及风险和收益的权衡，在金融研究中通常用股票收益率的标准差度量风险，用金融资产的波动程度反映风险。关于波动率的衡量，不同学者的研究采用不同的标准，本书采用程昕等（2018）的计算方法，采用股票收益月度标准差进行衡量，如式（6-3）所示。

$$STD_{im} = \sqrt{\frac{1}{N-1}\sum_{i=1}^{N}(r_{it} - u_{im})} \times \sqrt{N} \tag{6-3}$$

其中，u_{im}表示样本数据中第 i 只股票 m 月的平均日收益率，r_{it}表示样本数据中第 i 只股票第 t 日的收益率，N 表示当月的交易日天数，STD_{im}表示样本数据中第 i 只股票 m 月的收益率的标准差，代表 m 月的波动率。

6.2.2 描述性统计

在实证分析过程中，根据日均评论量由高到低排序选取前 100 家公司的股评信息构建个股投资者情绪指数，个股投资者情绪指数和波动率均为月度数据，研究区间共计 12 个月 242 个交易日数据。表 6.1 为 100 只样本股的个股投资者情绪指数和波动率（STD）的描述性统计结果。

表 6.1 个股投资者情绪与股票波动率描述性统计

变量	平均值	标准误	最小值	最大值	总样本量	样本股票数	单只股票样本量
RS	-0.003	0.212	-0.646	0.634	1200	100	12
STD	0.113	0.045	0.021	0.319	1200	100	12

6.2.3 模型构建

在实证分析过程中，数据平稳是分析的前提条件。为了防止产生“伪回归”问题，因此采用 LLC、IPS、Fisher 检验对个股投资者情绪指数与股票波动率数据进行单位根检验，检验结果如表 6.2 所示。由表 6.2 可以看出，个股投资者情绪指数与股票波动率在至少 1%的显著水平下拒绝“存在单位根”的原假设，可以进行进一步分析。

表 6.2 单位根检验结果

变量	LLC	IPS	Fisher	平稳性
	Adjusted t	W-t-bar	ADF 检验	
RS	−16.737*** (0.000)	−11.568*** (0.000)	23.046*** (0.000)	平稳
RTD	−13.297*** (0.000)	−7.054*** (0.000)	10.567*** (0.000)	平稳

注：括号中为 P 值；***表示在 1%的水平下显著。

进一步采用 Kao 检验、Pedroni 检验、Westerlund 检验对个股投资者情绪指数和股票波动率数据进行协整检验，检验结果如表 6.3 所示。从表 6.3中可以看出，个股投资者情绪指数与股票波动率存在协整关系。

表 6.3 协整检验结果

方法	STD-RS 检验结果	P 值
Kao 检验	−6.046***	(0.000)
Pedroni 检验	−1.603*	(−0.055)
Westerlund 检验	−5.978***	(0.000)

注：*、***分别表示在 10%、1%的水平下显著。

在上述分析的基础上对 100 只股票 2018 年 9 月至 2019 年 8 月的个股投资者情绪指数与股票波动率数据构建面板向量自回归（PVAR）模型，如式（6-4）所示。

$$\begin{cases} RS_{im} = \alpha_i + \sum_{j=1}^{n} a_{i,\ j} \times STD_{i,\ m-j} + \sum_{j=1}^{n} b_{i,\ j} \times RS_{i,\ m-j} + e_{im} \\ STD_{im} = \alpha_i + \sum_{j=1}^{n} c_{i,\ j} \times RS_{i,\ m-j} + \sum_{j=1}^{n} d_{i,\ j} \times STD_{i,\ m-j} + e_{im} \end{cases} \tag{6-4}$$

式（6-4）中，RS_{im}表示股票 i 第 m 月个股投资者情绪指数，STD_{im}表示股票 i 第 m 月的波动率。

6.3 实证分析

6.3.1 PVAR 模型最优滞后阶数选择和 GMM 估计

在针对个股投资者情绪指数和股票波动率数据构建面板向量自回归模

型后，为了进行 GMM 估计首先需要确定最优滞后阶数，本书根据 AIC、BIC、HQIC 准则，选取各滞后期检验值最小值的滞后期，以确定最优滞后阶数，如表 6.4 所示。

表 6.4　PVAR 最优滞后阶数选择结果

阶数	STD-RS 检验结果		
	AIC	BIC	HQIC
1	-3.497	-2.496	-3.117
2	-3.643*	-2.534*	-3.219*
3	-3.534	-2.293	-3.057
4	-3.123	-1.718	-2.580
5	-2.856	-1.244	-2.228

注：* 表示在 10%的水平下显著。

从表 6.4 中可以看出，对于个股投资者情绪指数和股票波动率构建的面板向量自回归模型滞后阶数的选择，AIC、BIC、HQIC 准则检验结果一致，均认为最优滞后阶数为 2。对面板数据使用 Helmert 变换以消除固定效应，随后对 PVAR 模型进行 GMM 估计，结果如表 6.5 所示。

表 6.5　PVAR 模型的 GMM 参数估计结果

变量	STD-RS 估计结果	
	RS	STD
L1_RS	-0.023 (-0.58)	-0.015** (-2.11)
L2_RS	-0.057 (-1.57)	-0.007 (-1.03)
L1_STD	-0.310 (-0.60)	0.414*** (4.32)
L2_STD	-0.352 (-0.94)	0.058 (0.87)

注：**、*** 分别表示在 5%、1%的水平下显著；L1、L2 分别表示滞后 1 阶、2 阶；括号中为 Z 统计量。

从表 6.5 中可以看出：

（1）从个股投资者情绪指数对股票波动率的影响来看，滞后 1 阶的个股投资者情绪指数对股票波动率有显著的负向影响，系数为-0.015，即个股投资者情绪越高，股票波动率越小，且这一影响周期较短。由于投资者情绪高涨，对未来的股票价格走势持乐观预期，坚信持有股票会获取更高收益，所以投资者不会急于出售股票，股票交易量趋于稳定，从而降低了股票波动率，而在投资者对未来股票收益持悲观态度时会出售手中的股票以保持现有水平的收益或避免更大的亏损，导致股票波动率增大，H1a 成立。

（2）从股票波动率对个股投资者情绪指数的影响来看，由于股票交易市场中投资者非理性信念的存在，当投资者面临股票急剧波动时产生的认知水平不同，并且股票收益的迅速增长和急速下跌对投资者情绪的影响方向不一致，因此股票波动率对个股投资者情绪指数的影响在总体上并不显著，H1b 成立。

6.3.2　格兰杰因果关系检验

在对个股投资者情绪指数与股票波动率数据构建面板向量自回归模型并进一步进行 GMM 估计后，进行格兰杰因果关系检验，以进一步分析两者之间的关系，检验结果如表 6.6 所示。

表 6.6　格兰杰因果关系检验结果

原假设	滞后期	1	2	3	4	5
RS 不是 STD 的 Granger 原因	P 值	0.012**	0.105	0.404	0.620	0.442
STD 不是 RS 的 Granger 原因	P 值	0.830	0.620	0.897	0.901	0.779

注：**表示在5%的水平下显著。

从表 6.6 中可以看出：

（1）滞后 1 期的个股投资者情绪指数是股票波动率的格兰杰原因。当个股投资者情绪低迷时，看跌情绪使投资者不断抛售手中的股票以保持现有盈利水平或者防止亏损扩大，加剧了股票波动；同时由于“赚钱效应”的存在，当投资者情绪高涨时，看涨情绪使投资者产生盈利的预期，投资者选择继续持有股票而不急于抛售，股票交易量水平趋于下降，所以投资者情绪对股票波动有负向影响。

（2）股票波动率在各个滞后阶数均不是个股投资者情绪指数的格兰杰原因。由于我国股票市场中投资者以散户为主，中小投资者持“追涨杀跌”与“高抛低吸”的异质性信念，导致个股投资者情绪对股票波动率的反应不同从而相互抵消；并且股票收益率快速上涨和急剧下跌都会导致股票波动率的增大，不同方向的收益率波动对个股投资者情绪的影响方向不同，所以股票波动率对个股投资者情绪影响并不显著。

6.4 不同状态下的异质性分析

6.4.1 不同市值下的异质性分析

本章将中证 500 指数成分股中日均评论量排名前 100 的公司股票按照市值进行排序，选取市值排名后 50 的公司股票代表低市值水平公司的 A 组样本股，平均市值水平约为 87 亿元；选取市值排名前 50 的公司股票代表高市值水平公司的 B 组样本股，平均市值水平约为 164 亿元，进一步探讨不同市值水平下个股投资者情绪指数与股票波动率之间的关系。样本研究时间为 2018 年 9 月 1 日至 2019 年 8 月 31 日，共计 12 个月 242 个交易日数据，对 A、B 两组样本股各 50 只公司股票的个股投资者情绪指数与股票波动率数据进行实证研究，均通过了单位根检验和协整检验，协整检验结果如表 6.7 所示。

表 6.7 协整检验结果

检验方法	Panel A 低市值 RS-STD 协整检验结果	Panel B 高市值 RS-STD 协整检验结果
Kao 检验	−10.9550*** (0.0000)	−3.0069*** (0.0013)
Pedroni 检验	−10.1247*** (0.0000)	−12.9691*** (0.0000)
Westerlund 检验	−4.7977*** (0.0000)	−3.6559*** (0.0001)

注：***表示在 1%的水平下显著；括号中为 P 值。

对于最优滞后阶数的选择，由检验结果可知，Panel A 与 Panel B 的最优滞后阶数均为 2 阶。通过对 PVAR 模型进行 GMM 估计，得出 PVAR 模型的回归参数（见表 6.8），并进行格兰杰因果关系检验。

表 6.8 PVAR 模型的 GMM 估计结果

变量	Panel A 低市值 STD-RS 估计结果		Panel B 高市值 STD-RS 估计结果	
	RS	STD	RS	STD
L1_RS	0.042 (0.72)	-0.014 (-1.32)	-0.086 (-1.56)	-0.015* (-1.72)
L2_RS	0.019 (0.35)	-0.009 (-0.85)	-0.130*** (-2.60)	-0.005 (-0.60)
L1_STD	-0.545 (-0.69)	0.418*** (2.93)	-0.014 (-0.02)	0.412*** (3.18)
L2_STD	-0.649 (-1.12)	0.075 (0.70)	-0.034 (-0.07)	0.040 (0.50)

注：*、***分别表示在10%、1%的水平下显著；L1、L2 分别表示滞后 1 阶、2 阶；括号中为 Z 统计量。

从表 6.8 中可以看出：

（1）从个股投资者情绪指数对股票波动率的影响来看，低市值水平的 A 组样本数据中滞后 1 阶的个股投资者情绪指数对股票波动率有负向影响，影响系数为-0.014，但这一影响并不显著；高市值水平的 B 组样本数据中滞后 1 阶的个股投资者情绪指数对股票波动率有显著的负向影响，影响系数为-0.015。由此可见，高市值公司的个股投资者情绪对股票波动率有显著负向影响，而在低市值公司中个股投资者情绪对股票波动率的影响并不显著，H2 成立。

（2）从股票波动率对个股投资者情绪指数的影响来看，高低市值水平的样本组数据中股票波动率对个股投资者情绪指数的影响均不显著。这是因为不同方向的股票波动对情绪的影响方向不同以及投资者对股票波动的异质性信念相互抵消，导致股票波动率对投资者情绪无显著影响。

从表 6.9 中可以看出，滞后 1 期的个股投资者情绪指数在高市值样本数据中是股票波动率的格兰杰原因，在低市值样本数据中不是股票波动率的格兰杰原因；而股票波动率在高低市值样本组数据中均不是个股投资者情绪指数的格兰杰原因。

表 6.9 格兰杰因果关系检验结果

分组	原假设	滞后期	1	2	3	4	5
Panel A 低市值	RS 不是 STD 的 Granger 原因	P 值	0.139	0.384	0.887	0.530	0.675
	STD 不是 RS 的 Granger 原因	P 值	0.652	0.481	0.529	0.610	0.836
Panel B 高市值	RS 不是 STD 的 Granger 原因	P 值	0.036**	0.225	0.452	0.998	0.997
	STD 不是 RS 的 Granger 原因	P 值	0.856	0.996	0.954	0.987	0.978

注：**表示在 5%的水平下显著。

6.4.2 不同换手率的异质性分析

本章将中证 500 指数成分股中日均评论量排名前 100 的公司股票按照年换手率进行排序，选取年换手率排名后 50 的股票为 A 组样本股，平均年换手率为 135；选取年换手率排名前 50 的股票为 B 组样本股，平均年换手率为 434。研究时间为 2018 年 9 月 1 日至 2019 年 8 月 31 日，共计 12 个月 242 个交易日数据，对 A、B 两组样本股各 50 只公司股票的个股投资者情绪指数与股票波动率数据进行研究，两组数据均通过了单位根检验和协整检验，协整检验结果如表 6.10 所示。

表 6.10 协整检验结果

检验方法	Panel A 低换手率 RS-STD 协整检验结果	Panel B 高换手率 RS-STD 协整检验结果
Kao 检验	-10.6985*** (0.0000)	-11.5491*** (0.0000)
Pedroni 检验	-10.4128*** (0.0000)	-12.6810*** (0.0000)
Westerlund 检验	-4.3313*** (0.0000)	-4.1223*** (0.0000)

注：***表示在 1%的水平下显著；括号中为 P 值。

对于最优滞后阶数的选择，由检验结果可知，Panel A 与 Panel B 的最优滞后阶数均为 2 阶。通过对 PVAR 模型进行 GMM 估计，得出不同换手率水平下的个股投资者情绪指数与股票波动率的 PVAR 模型的回归参数（见表 6.11），并进行格兰杰因果关系检验。

表 6. 11 PVAR 模型的 GMM 估计结果

变量	Panel A 低换手率 STD-RS 估计结果		Panel B 高换手率 STD-RS 估计结果	
	RS	STD	RS	STD
L1_RS	-0. 020 (-0. 34)	-0. 008 (-0. 82)	-0. 029 (-0. 54)	-0. 021** (-2. 14)
L2_RS	-0. 048 (-0. 90)	-0. 010 (-0. 96)	-0. 069 (-1. 30)	-0. 004 (-0. 41)
L1_STD	-0. 251 (-0. 33)	0. 420*** (2. 88)	-0. 464 (-0. 65)	0. 405*** (3. 18)
L2_STD	-0. 874 (-1. 60)	0. 103 (1. 02)	0. 141 (0. 27)	0. 008 (0. 09)

注：**、***分别表示在 5%、1%的水平下显著；L1、L2 分别表示滞后 1 阶、2 阶；括号中为 Z 统计量。

从表 6. 11 中可以看出：

（1）从个股投资者情绪指数对股票波动率的影响来看，在低换手率的 A 组样本数据中滞后 1 阶的个股投资者情绪指数对股票波动率有负向影响，影响系数为-0. 008，但这一影响并不显著，在高换手率的 B 组样本数据中滞后 1 阶的个股投资者情绪指数对股票波动率有显著的负向影响，影响系数为-0. 021。由此可见，个股投资者情绪在高换手率公司中对股票波动率有显著负向影响，而在低换手率公司中对股票波动率的影响并不显著，H3 成立。

（2）从股票波动率对个股投资者情绪指数的影响来看，股票波动率在不同方向的变动对投资者情绪的影响方向亦不同，最终导致两组样本数据中股票波动率对投资者情绪指数的影响并不显著。

从表 6. 12 中可以看出：在高换手率的样本组数据中滞后 1、2 期的个股投资者情绪指数是股票波动率的格兰杰原因，在低换手率的样本组数据中个股投资者情绪指数不是股票波动率的格兰杰原因，即情绪在较高换手率的公司中可以更显著地影响股票波动率；而在高换手率的样本组数据中股票波动率不是个股投资者情绪指数的格兰杰原因，在低换手率的样本组数据中滞后 2 阶的股票波动率是个股投资者情绪指数的格兰杰原因。以上分析表明高换手率的公司由于股票交易频繁导致个股投资者情绪更易对股票波动率产生影响。

表 6.12　格兰杰因果关系检验结果

分组	原假设	滞后期	1	2	3	4	5
Panel A 低换手率	RS 不是 STD 的 Granger 原因	P 值	0.280	0.569	0.773	0.852	0.594
	STD 不是 RS 的 Granger 原因	P 值	0.756	0.051*	0.129	0.173	0.176
Panel B 高换手率	RS 不是 STD 的 Granger 原因	P 值	0.017**	0.096*	0.344	0.793	0.731
	STD 不是 RS 的 Granger 原因	P 值	0.592	0.374	0.535	0.464	0.282

注：*、**分别表示在 10%、5%的水平下显著。

6.4.3　不同市态下的异质性分析

为了进一步分析不同市场态势下个股投资者情绪指数与股票波动率的关系，本章将中证 500 指数成分股中日均评论量排名前 100 的公司股票数据进行样本区间的划分，对牛市和熊市中的个股投资者情绪指数与股票波动率的关系分别进行研究。上证指数在 2019 年 1 月 3 日达到最低点 2464.36 点，在 2019 年 4 月 19 日达到最高点 3270.8 点，由此得到熊市为 2018 年 9 月至 2018 年 12 月，共计 4 个月 79 个交易日数据，定义为 Panel A；牛市为 2019 年 1 月至 2019 年 4 月，共计 4 个月 79 个交易日数据，定义为 Panel B。

对 100 家上市公司在不同市场态势中的个股投资者情绪指数与股票波动率数据进行研究，两组数据均通过了单位根检验和协整检验，协整检验结果如表 6.13 所示。

表 6.13　协整检验结果

检验方法	Panel A 低市值 RS-STD 协整检验结果	Panel B 高市值 RS-STD 协整检验结果
Kao 检验	4.2143*** (0.0000)	4.5128*** (0.0000)
Pedroni 检验	8.5045*** (0.0000)	9.3781*** (0.0000)
Westerlund 检验	7.6789*** (0.0000)	11.6874*** (0.0000)

注：***表示在 1%的水平下显著；括号中为 Z 统计量。

对于最优滞后阶数的选择，由检验结果可知，Panel A 与 Panel B 的最优滞后阶数均为 1 阶，通过对 PVAR 模型进行 GMM 估计，得出不同市场态势下的个股投资者情绪指数与股票波动率的 PVAR 模型的回归参数（见表 6.14），并进行格兰杰因果关系检验。

表 6.14　PVAR 模型的 GMM 估计结果

变量	Panel A 熊市 STD-RS 估计结果		Panel B 牛市 STD-RS 估计结果	
	RS	STD	RS	STD
L1_RS	-0.080 (-0.86)	-0.101* (-1.69)	0.041 (0.40)	-0.004 (-0.20)
L1_STD	2.160 (1.08)	3.186*** (2.77)	0.939* (1.65)	0.358 (2.68)

注：*、***分别表示在 10%、1%的水平下显著；L1 表示滞后 1 阶；括号中为 Z 统计量。

从表 6.14 中可以看出：

（1）从个股投资者情绪指数对股票波动率的影响来看，B 组牛市样本组数据中滞后 1 阶的个股投资者情绪指数对股票波动率的影响系数为 -0.004，但这一影响并不显著，而 A 组熊市样本组数据中滞后 1 阶的个股投资者情绪指数对股票波动率有显著的负向影响，影响系数为-0.101。由此可见，在熊市中个股投资者情绪对股票波动率有显著负向影响，而在牛市中个股投资者情绪对股票波动率的影响并不显著，H4 成立。

（2）从股票波动率对个股投资者情绪指数的影响来看，A 组熊市样本数据中股票波动率对个股投资者情绪指数的影响并不显著，而 B 组牛市样本数据中股票波动率对个股投资者情绪指数有显著的正向影响。由于牛市中股票波动率增大主要表现为长期正向增长，使投资者的看涨预期得以确认进而强化看涨情绪，一定程度上对投资者情绪产生正向影响。

从表 6.15 中可以看出：滞后 1、2 期的个股投资者情绪指数在熊市中均是股票波动率的格兰杰原因，在牛市中均不是股票波动率的格兰杰原因；而股票波动率在牛市中是个股投资者情绪指数的格兰杰原因，在熊市中不是个股投资者情绪指数的格兰杰原因。这表明在熊市中投资者情绪更易对股票波动率产生影响，而在牛市中股票波动率可能会进一步刺激投资者情绪。

表 6.15　格兰杰因果关系检验结果

分组	原假设	滞后期	1	2
Panel A 熊市	RS 不是 STD 的 Granger 原因	P 值	0.090*	0.082*
	STD 不是 RS 的 Granger 原因	P 值	0.282	0.835
Panel B 牛市	RS 不是 STD 的 Granger 原因	P 值	0.845	0.790
	STD 不是 RS 的 Granger 原因	P 值	0.100*	0.990

注：* 表示在 10%的水平下显著。

6.5　本章小结

本章通过运用文本挖掘技术爬取东方财富网 2018 年 9 月 1 日至 2019 年 8 月 31 日中证 500 指数成分股的 500 家上市公司的股评信息数据，根据日均评论量由高到低排序选取前 100 家公司股评信息数据构建个股投资者情绪指数并计算股票波动率。通过建立面板向量自回归模型（PVAR），运用 GMM 估计和格兰杰因果关系检验等实证方法研究个股投资者情绪指数与股票波动率的关系，并分析了在不同市值、不同换手率、不同市场态势情况下个股投资者情绪与股票波动率关系的异质性问题。

本章分析得到如下结论：

（1）由于过度自信效应，当投资者情绪高涨时，坚信持有股票会获取更高收益，所以投资者不会急于出售股票，股票交易量趋于稳定，从而降低了股票波动率；而在投资者对未来股票收益持悲观态度时会出售手中的股票以保持现有水平的收益或避免更大的亏损，导致股票波动率增大。此外，由于我国股票市场的投资者以散户为主，中小投资者持“追涨杀跌”与“高抛低吸”的异质性信念，导致个股投资者情绪对股票波动率的反应不同从而相互抵消；并且股票收益率快速上涨和急剧下跌都会导致股票波动率的增大，不同方向的收益率波动对个股投资者情绪的影响方向不同，所以股票波动率对个股投资者情绪影响并不显著。

（2）由于投资者对高市值公司股票更易形成一致预期，而对低市值公司股票的一致预期相对更为分散，所以高市值公司的个股投资者情绪对股票波动率有显著负向影响，而在低市值公司中个股投资者情绪对股票波动率的影响并不显著。

（3）在高换手率公司中，个股投资者情绪更容易对股票波动率产生显著影响，而在低换手率公司中个股投资者情绪对股票波动率的影响并不显著。这是因为高换手率的公司，其股票交易往往更加频繁，投资者情绪通过成交量变动进行传递，这一传递过程使个股投资者情绪更易对股票波动率产生影响。

（4）在熊市中个股投资者情绪对股票波动率有显著负向影响，而在牛市中个股投资者情绪对股票波动率的影响并不显著。这是因为在牛市中投资者获取信息的成本较低，使得投资者更愿意关注宏观经济基本面和公司层面信息等理性因素，投资决策行为更加理智，从而降低了情绪因素对股票波动率产生的影响程度。相反，熊市中看跌情绪与投资者的恐慌心理相叠加，投资者获取信息成本较高，在对市场认知存在片面性的情况下经常被“小道消息”等非理性因素干扰而忽视基本面信息等理性因素，导致投资者做出错误决策。

第 7 章

个股投资者情绪指数在选股策略中的应用

基于以上分析，个股投资者情绪与股票市场的收益和波动存在密切的关系。为了验证本书构建的个股投资者情绪指数是否具有现实意义，是否能够在量化投资中为投资者的决策提供参考和依据，下文基于 Logistic 回归构建多因子选股策略，将个股投资者情绪因子引入因子库，并将其与常用的其他因子一起构成多因子库进行选股，构建选股策略。为了进一步验证个股投资者情绪因子对选股策略的作用，将构建有个股投资者情绪因子的选股模型和未引入个股投资者情绪因子的选股模型，比较在多因子选股模型中引入个股投资者情绪因子是否会显著地改善投资策略的效果。

7.1　候选因子

影响股票收益率的因素有很多，何路（2020）从公司基本信息数据和技术性指标两个维度选取了 30 个指标进行有效选股因子的筛选。任健平（2021）从公司营运能力、现金流动性、资产结构和公司偿债能力等 9 个维度选取了 73 个指标进行有效选股因子的筛选。刘倩倩（2015）把多因子选股和投资者情绪因子结合起来，构造出情绪择时策略，并指出情绪择时能极大降低量化投资组合的风险，从而提高投资回报。本书基于目前的研究，结合选股因子数据的可获取性以及普遍性，从盈利能力、资产规模、股票估值、资产结构、成长性、流动性和股票的个股投资者情绪 7 个维度选取 30 个指标作为选股策略构建的数据库。因子库如表 7.1 所示。

表 7.1 因子库

因子类型	因子名称	因子类型	因子名称
盈利因子	主营业务利润率	估值因子	每股净资产
	主营业务收入		净资产收益率
	利润总额		市盈率
	净利润		市销率
	成本费用利润率		市净率
	资产收益率		股息率
	资产利润率	资产结构因子	流动比率
	销售净利率		股东权益比率
	营业利润率	流动因子	换手率
	股本报酬率		成交量
	基本每股收益	成长因子	每股收益增长率
规模因子	总市值		净利润增长率
	流通市值		总资产增长率
	总资产		净资产增长率
情绪因子	个股投资者情绪指数		营业收入增长率

7.2 因子有效性检验

本书将中证 500 指数成分股作为股票池，时间区间仍然选择 2018 年 9 月 1 日至 2019 年 8 月 31 日，对其进行选股因子的筛选。首先，初步选取公司盈利能力、公司的资产规模、股票估值、资产结构、成长性、流动性和股票的个股投资者情绪 7 个维度的 30 个指标作为选股策略的候选因子；其次，对获取的样本数据预处理，剔除在 2018 年 9 月 1 日至 2019 年 8 月 31 日期间数据缺失严重、ST、*ST 以及退市的股票，并对因子数据进行标准化处理；最后，对多因子有效性进行检验，本书使用 IC 法检验和 Fama-MacBech 检验，综合两种检验的结果对因子进行筛选。

7.2.1 IC 法检验

选股因子的信息系数 IC 能够直观地体现出其对股票收益率的影响程度，能够反映因子对股票收益率的预测能力。IC 值的绝对值大小与其对股票收益变化的影响程度成正比关系，绝对值越大，对股票收益率走势的预测精度越高。

IC 值的计算一般有两种，包括 Normal IC 和 Rank IC。Normal IC 是指在选定时间点计算选定股票因子的实际数值与下一期收益率的相关系数，即

$$Normal\ IC = corr(f_{t-1},\ r_t)$$

其中，f_{t-1}为 $t-1$ 期股票的因子值，r_t 为 t 期股票的收益率。

Rank IC 是用该因子的数值大小排序代替具体数值，用股票下一期收益率排序代替收益率数值，计算相关系数，即

$$Rank\ IC = corr(order_t^f,\ order_{t+1}^f)$$

其中，$order_t^f$ 为 t 期股票因子实际数值的排列序号，$order_{t+1}^f$为 $t+1$ 期该股票收益率在股票池中的排列序号。当 $Rank\ IC>0.03$ 时，我们可以判定该选股因子能有效地预测收益率变化。

由于 Normal IC 的计算要求数据服从正态分布，而 Rank IC 即使数据呈现非正态分布，计算结果也较为稳健，因此本书选择使用 Rank IC 对选股因子进行筛选。选股因子的信息比率 IR 表示该因子能够持续对股票收益率预测的稳定程度，计算公式如下：

$$IR = \frac{\mu_{IC}}{\sigma_{IC}}$$

其中，μ_{IC}为选股因子 IC 值的均值，σ_{IC}为选股因子 IC 值的标准差。当 $IR>0.5$ 时，我们可以判定该选股因子能持续稳定地预测收益率变化。所以，本书通过 $Rank\ IC$ 和 IR 的综合情况，对选股因子的预测能力进行初步筛选。

表 7.2 为各个选股因子的检验结果。

表 7.2 因子池的 IC 法检验值

因子名称	ABS_Rank IC	IR
资产收益率	0.1162	1.284
市盈率	0.1095	1.014
流通市值	0.1083	1.633
净资产收益率	0.1040	0.985
市净率	0.1021	1.154
营业收入增长率	0.1004	1.216

续表

因子名称	ABS_Rank IC	IR
个股投资者情绪指数	0.1001	1.148
股东权益比率	0.0952	1.306
总资产增长率	0.0915	1.429
股息率	0.0914	1.182
流动比率	0.0871	0.864
换手率	0.0847	1.157
每股收益增长率	0.0820	1.117
净利润增长率	0.0815	1.416
每股净资产	0.0789	0.904
总市值	0.0753	0.973
股本报酬率	0.0748	0.852
主营业务收入	0.0741	1.147
成交量	0.0684	1.340
净利润	0.0625	1.214
资产利润率	0.0597	1.584
成本费用利润率	0.0591	1.438
市销率	0.0493	1.176
主营业务利润率	0.0480	1.301
销售净利率	0.0475	1.082
净资产增长率	0.0391	1.258
基本每股收益	0.0365	1.515
营业利润率	0.0297	1.194
总资产	0.0280	0.973
利润总额	0.0254	1.289

7.2.2 Fama-MacBech 检验

为进一步确定候选因子的有效性，本书采用 Fama-MacBech 检验，对因子池中的候选因子逐个进行单因子有效性检验，该方法能够有效剔除因子时序上和残差截面的自相关性。首先，对候选因子和收益率做回归，获取相应的回归系数。回归方程如下：

$$r_{t+1}=\alpha_t+\beta_t f_t+\varepsilon_t$$

其中，r_{t+1}为 t+1 期的股票收益率，β_t 为候选因子的回归系数，f_t 为 t 期候选因子的实际数值，ε_t 为随机误差项。

其次，通过上述回归，可以获得每个因子在每一期的回归系数，接下来将 2018 年 9 月 1 日至 2019 年 8 月 31 日的数据按照月份分为 12 期。以下为 t 统计量的计算公式：

$$t(\beta_t)=\frac{\mu(\beta_t)}{\sigma(\beta_t)}\sqrt{T}$$

本书选取 IC 值排名前 15 的因子，对前 6 期数据进行检验，其中 T 为周期长度，Alpha 值设定为 0.05，t 的临界值为 2，检验结果如表 7.3 所示。

表 7.3　因子检验结果

因子名称	t 值	FM 检验结果
资产收益率（ROA）	2.60	通过
市盈率（PE）	-4.05	通过
流通市值（COR）	3.37	通过
净资产收益率（ROE）	3.46	通过
市净率（PB）	2.44	通过
营业收入增长率（OPC）	-3.96	通过
个股投资者情绪指数（RS）	2.75	通过
总资产增长率（TOS）	3.63	通过
流动比率（CUR）	2.29	通过
换手率（CR）	3.54	通过
每股收益增长率（EPS）	2.71	通过
净利润增长率（MGR）	1.52	未通过
每股净资产（NAPS）	1.44	未通过
股东权益比率（ER）	-1.69	未通过
股息率（DYR）	0.73	未通过

从表 7.3 中可以看出，IC 值排名前 15 的因子中，净利润增长率

（MGR）、每股净资产（NAPS）、股东权益比率（ER）和股息率（DYR）4个因子均未通过FM检验，我们初步确定的有效选股因子为净资产收益率（ROE）、资产收益率（ROA）、每股收益增长率（EPS）、营业收入增长率（OPC）、总资产增长率（TOS）、市盈率（PE）、市净率（PB）、流通市值（COR）、换手率（CR）、流动比率（CUR）、个股投资者情绪指数（RS）共11个因子。

7.2.3 冗余因子的剔除

在确定有效选股因子之后，考虑部分选股因子间可能存在多重共线性问题，需要对其两两之间的相关性进行检验，剔除相关性高的冗余因子。表7.4为因子间相关性检验结果，图7.1为因子相关性检验热力图。

表7.4 因子相关性检验结果

	OPC	PB	PE	CUR	ROE	COR	EPS	CR	TOS	ROA	RS
OPC	1	0.08	0.26	-0.80	0.08	0.11	0.41	-0.10	0.47	0.27	-0.50
PB	0.08	1	-0.15	0.29	0.50	-0.94	0.44	0.18	0.57	0.32	-0.55
PE	0.26	-0.15	1	0.04	0.53	0.20	-0.67	-0.44	-0.57	0.3	-0.52
CUR	-0.80	0.29	0.04	1	0.1	-0.52	-0.32	-0.3	-0.3	-0.32	-0.12
ROE	0.08	0.50	0.53	0.1	1	-0.29	-0.43	0.37	-0.27	0.087	-0.31
COR	0.11	-0.94	0.20	-0.52	-0.29	1	-0.44	0.05	-0.55	0.01	0.57
EPS	0.41	0.44	-0.67	-0.32	-0.43	-0.44	1	0.05	0.98	-0.27	-0.2
CR	-0.10	0.18	-0.44	-0.3	0.37	0.05	0.05	1	0.06	0.69	0.58
TOS	0.47	0.57	-0.57	-0.3	-0.27	-0.55	0.98	0.06	1	-0.15	-0.33
ROA	0.27	0.32	0.3	-0.32	0.087	0.01	-0.27	0.69	-0.15	1	0.11
RS	-0.50	-0.55	-0.52	-0.12	-0.31	0.57	-0.2	0.58	0.33	0.11	1

从表7.4中可以看出，有4组候选因子间相关系数较大，流动比率（CUR）和营业收入增长率（OPC）的相关系数为-0.80，市净率（PB）和流通市值（COR）的相关系数为-0.94，净资产收益率（ROE）和资产收益率（ROA）的相关系数为0.087，每股收益增长率（EPS）和总资产增长率（TOS）的相关系数为0.98，所以我们需要剔除冗余因子。通过比

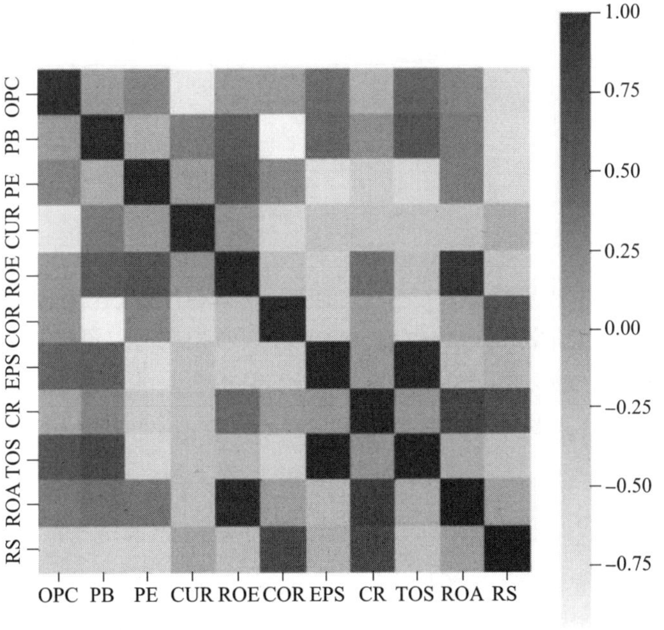

图 7.1　因子相关性检验热力图

较这 4 组因子的 IC 值和 Fama－MacBech 检验结果，发现营业收入增长率（OPC）、流通市值（COR）、净资产收益率（ROE）、总资产增长率（TOS）表现更好，综合考虑后剔除资产收益率（ROA）、每股收益增长率（EPS）、市净率（PB）、流动比率（CUR）4 个冗余因子。最终，我们确定选股因子库为净资产收益率（ROE）、营业收入增长率（OPC）、总资产增长率（TOS）、市盈率（PE）、流通市值（COR）、换手率（CR）、个股投资者情绪指数（RS）7 个因子。

7.3　基于 Logistic 回归的选股策略构建

7.3.1　建立 Logistic 回归选股模型

本书使用净资产收益率、营业收入增长率、总资产增长率、市盈率、流通市值、换手率、个股投资者情绪指数 7 个因子构建基于 Logistic 回归的选股模型。

$$f_{i,t+1}=\theta_{i,1}^{t+1}\times ROE_{i,t}+\theta_{i,2}^{t+1}\times OPC_{i,t}+\theta_{i,3}^{t+1}\times TOS_{i,t}+\theta_{i,4}^{t+1}\times PE_{i,t}+\theta_{i,5}^{t+1}\times COR_{i,t}+\theta_{i,6}^{t+1}\times CR_{i,t}+\theta_{i,7}^{t+1}\times RS_{i,t}+\theta_0 \tag{7-1}$$

$$\mu_{i,t+1}=\frac{e^{f_{i,t+1}}}{1+e^{f_{i,t+1}}} \tag{7-2}$$

$$y_{i,t+1}=\begin{cases}1 & \mu_{i,t+1}>0.5\\0 & \mu_{i,t+1}\leqslant 0.5\end{cases} \tag{7-3}$$

其中，$ROE_{i,t}$、$OPC_{i,t}$、$TOS_{i,t}$、$PE_{i,t}$、$COR_{i,t}$、$CR_{i,t}$、$RS_{i,t}$分别表示第 i 只股票在 t 时期的净资产收益率、营业收入增长率、总资产增长率、市盈率、流通市值、换手率、个股投资者情绪指数因子值；$\theta_{i,1}^{t+1}$表示第 i 只股票 ROE 因子在 t 时期至 $t+1$ 时期的因子收益率，是由 t 时刻的因子值和 t 时至 $t+1$ 时股票收益率通过回归得到的 ROE 因子的系数，在 $t+1$ 时刻可以得到，其他因子的系数计算方法以此类推；$\mu_{i,t+1}$表示第 i 只股票 t 至 $t+1$ 时期股票收益率上涨的概率，$y_{i,t+1}$表示第 i 只股票 t 至 $t+1$ 时期股票收益率的涨跌情况，即 1 表示上涨，0 表示下跌。

7.3.2 策略构建

目前的选股策略研究普遍采用月度数据进行交易，交易频率较低，同时为避免过高频率的交易会带来过高的手续费，因此，本书的选股模型选取 5 天为一个投资周期，在第五个交易日尾盘时建仓，随后在每个投资周期尾盘，即第五个交易日进行换仓。以 T 日至 $T+4$ 日这一周期为例，建仓方式如下：

第一步，$T+4$ 日尾盘的时候，获取股票池内因子在 T 日至 $T+4$ 日这 5 天的数据和相应股票 $T+1$ 日至 $T+4$ 日的收益率数据。若股票收益率大于 0，则选股模型的被解释变量 y 为 1，若股票收益率小于或等于 0，则选股模型的被解释变量 y 为 0。从 T 日到 $T+3$ 日，每天都能获取和股票池内数量相同的样本数，每一组样本包括当天的股票对应候选因子数值和次日的股票收益率。

第二步，将 T 日到 $T+3$ 日中的因子数据和 $T+1$ 日至 $T+4$ 日的收益率数据，代入回归模型中计算，能够获取本周期内 7 个解释变量的系数，即选股因子的收益率。

第三步，对周期内计算的每一个因子的系数求均值，将该数值作为下一周期首日，即 T+5 日模型的因子系数预测值，与 T+4 日实际因子数值共同代入 Logistic 回归模型中，能够获取股票在 T+5 日的预测值，选取预测概率大于 0. 5 且概率排名前 20 的股票作为目标股票，以 T+4 日收盘价等权重建仓。

换仓方式如下：

第一步，在下一周期期末，即周期内第五日尾盘时，重复在 T+4 日时模型预测的操作过程，获取本期投资的 20 只目标股票组合名单。

第二步，以 T+9 日收盘价卖出目前持有但未在目标股票组合名单中的股票以获取资金头寸。

第三步，用获取的资金头寸，以 T+9 日收盘价等权购买最新目标股票组合名单中未持有的股票，完成换仓。

7. 3. 3　回测分析

本书基于 Logistic 回归构建的模型为动态选股模型，在整个回测周期内滚动进行，模型需要在每一个调仓周期末利用上一期的因子历史数据训练参数，并利用调仓周期最后一天的因子数据判断股票收益率涨跌情况，把股票涨跌的概率值作为模型输出标签，选取概率排名前 20 的股票作为目标股票等权重建仓。在构建好 Logistic 选股模型之后，我们对模型进行测试。整个策略的测试区间为 2018 年 9 月 1 日至 2019 年 8 月 31 日的全周期。

为此，需要对策略交易规则进行一些假设：初始资金为 100 万元；调仓周期为 5 个交易日，以每个周期尾盘的收盘价成交，成交量不取整；按照等权重方式进行资金分配；考虑手续费，开仓和平仓费率为 0. 1%；个股定额止损点为 10%。

基于上述假设，对构建 Logistic 选股策略进行回测分析，针对测试结果，本书选取年化收益率、夏普比率、最大回撤、阿尔法、贝塔等 5 个指标来衡量策略的整体表现。由于策略开始时需要获取最近 5 个交易日的数据，所以策略的实际开始日期为 2018 年 9 月 10 日，则下一次调仓时间为 2018 年 9 月 17 日。通过以上模型列举出 9 月 10 日概率排序前 20 的股票组合。

表 7. 5 为未引入情绪因子和引入情绪因子的两个选股策略在第一个建

仓周期选出的股票。

表 7.5　股票信息统计

单位：%

股票名称	概率排序	股票名称	概率排序
引入情绪因子选股策略		未引入情绪因子选股策略	
中铝国际	78.64	恺英网络	80.09
杰瑞股份	76.91	掌趣科技	78.35
天地科技	74.34	中铝国际	77.29
森源电气	71.52	平高电气	74.73
诚志股份	68.38	华策影视	71.88
首开股份	67.94	万达信息	70.46
华策影视	66.76	冀东水泥	68.30
供销大集	65.46	欧普照明	66.49
郑煤机	65.20	首开股份	65.82
东阳光	64.73	众信旅游	65.11
深圳燃气	64.06	飞科电器	64.06
万达信息	63.84	双鹭药业	63.78
彤程新材	63.27	视觉中国	63.49
贵广网络	62.39	泰和新材	63.17
深南电路	61.98	西部矿业	63.02
冀东水泥	61.47	中国西电	62.43
中公教育	60.17	东阳光	62.11
崇达技术	59.81	天地科技	61.63
中国西电	59.09	郑煤机	61.29
人福医药	58.50	燕京啤酒	60.57

图 7.2、图 7.3 分别为未引入情绪因子和引入情绪因子的策略在 2018 年 9 月至 2019 年 8 月期间的收益率曲线与中证 500 基准收益的对比图，表 7.6 为组合策略的收益风险指标。

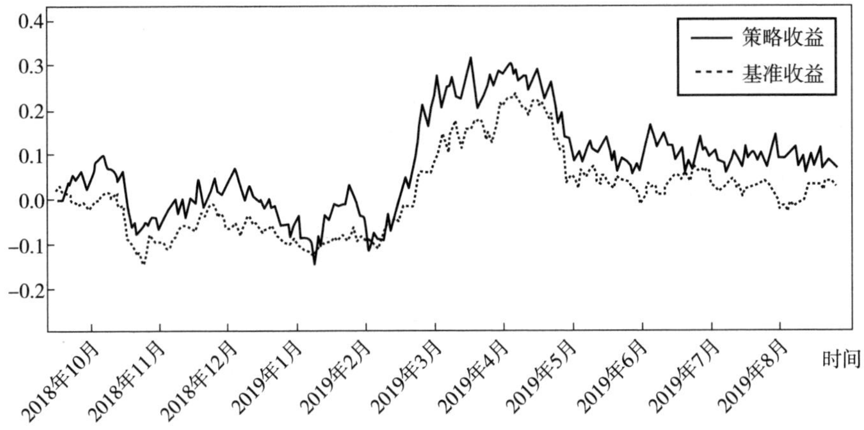

图 7.2　2018 年 9 月至 2019 年 8 月未引入情绪因子选股策略收益率曲线

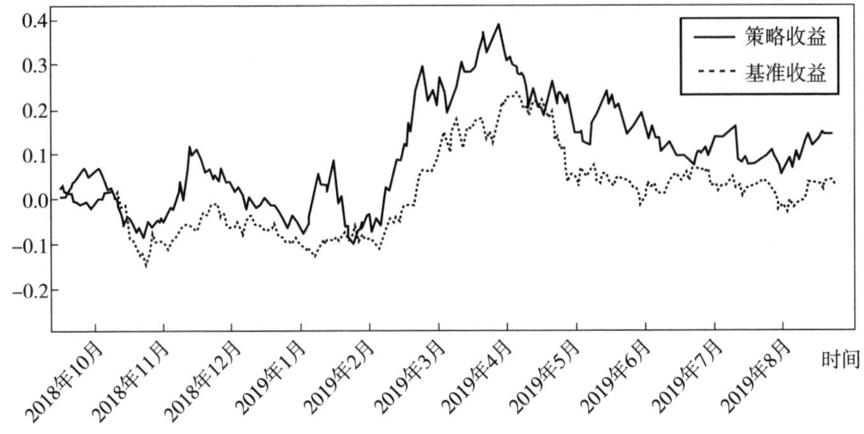

图 7.3　2018 年 9 月至 2019 年 8 月引入情绪因子选股策略收益率曲线

表 7.6　引入情绪因子前后的选股策略收益和风险评估指标

是否引入情绪因子	年化收益率	夏普比率	最大回撤	阿尔法	贝塔
是	17.74%	1.34	25.30%	0.0169	0.761
否	11.38%	1.19	28.74%	0.0115	0.894

从表 7.6 中可以看出：

（1）未引入个股投资者情绪因子的选股策略和已引入个股投资者情绪因子的选股策略在投资期间，年化收益率分别达到了 11.38%和 17.74%，均高于中证500指数年化收益率1.49%这一基准收益率，说明该选股策略能够有效提升我们的投资收益，同时本书构建的个股投资者情绪因子能够使选股策略的收益较未引入情绪因子的策略有所提升。

（2）引入个股投资者情绪因子选股策略的阿尔法值高于未引入情绪因子选股策略，即情绪因子能够获得相对于基准收益而言更高的超额收益。

（3）引入情绪因子的选股策略的最大回撤为25.30%，低于未引入情绪因子的选股策略的最大回撤28.74%，贝塔值也低于未引入情绪因子选股策略，表明引入了情绪因子的策略风险相对更小一些，承受的最大损失也较小。

（4）在综合考虑风险和收益的情况下，引入了情绪因子的策略能够得到1.34的夏普比率，相比于未引入情绪因子的策略提升了15%，即策略能够在单位风险下获得更高的绝对收益。

本书基于Logistic回归构建的模型为动态选股模型，在整个回测周期内滚动进行，为了进一步确定模型测试的结果是否依赖于初始参数设定的调仓周期，在此模型设定中选择不同的调仓周期，即策略1为7天，策略2为9天，策略3为11天，对全部的组合进行回测，策略的测试区间为2018年9月1日至2019年8月31日的全周期，表7.7为组合策略的收益风险指标。

表7.7　选股策略收益和风险评估指标

	是否引入情绪因子	年化收益率	夏普比率	最大回撤	阿尔法	贝塔
策略1	是	16.27%	1.29	26.71%	0.0152	0.718
	否	11.03%	1.17	30.65%	0.0107	0.902
策略2	是	18.72%	1.38	28.31%	0.0194	0.815
	否	12.46%	1.21	31.96%	0.0120	0.942
策略3	是	14.51%	1.26	23.58%	0.0161	0.736
	否	10.27%	1.13	31.71%	0.0091	0.924

从表7.7中可以看出，对于不同调仓周期的策略组合，引入投资者情绪因子的选股策略表现都比未引入投资者情绪因子的选股策略更优，并且组合均高于1.49%这一基准收益率，所以本书构建的投资者情绪因子不依赖于初始设定调仓周期，能够有效提升选股模型的收益情况。

由于不同市值情况下个股投资者情绪与股票收益率的相关关系存在差异，为研究不同市值下个股投资者情绪因子对选股策略的影响情况，我们将股票池内的股票按照流通市值大小分为两组，把较大流通市值组合作为策略4，把较小流通市值组合作为策略5。初始条件设定不变，调仓周期仍为5天，策略的测试区间为2018年9月1日至2019年8月31日的全周期，代入本书设定的模型中进行测试。表7.8为组合策略的收益风险指标。

表7.8　选股策略收益和风险评估指标

	是否引入情绪因子	年化收益率	夏普比率	最大回撤	阿尔法	贝塔
策略4	是	13.41%	1.23	32.18%	0.0135	0.901
	否	11.46%	1.18	30.71%	0.0097	0.934
策略5	是	14.48%	1.27	23.83%	0.0159	0.764
	否	11.53%	1.21	26.57%	0.0118	0.892

从表7.8中可以看出：

（1）对于大市值股票组合策略和小市值股票组合策略而言，引入投资者情绪因子的选股策略的年化收益率和夏普比率均优于未引入投资者情绪因子的策略，情绪因子能够有效优化策略。

（2）对于大市值股票组合策略的最大回撤而言，引入投资者情绪因子的选股策略稍优于未引入投资者情绪因子的策略。

（3）综合来看，投资情绪因子的加入，对小市值股票组合策略的收益提升效果更好，这与本书第4章的研究结论——公司的流通市值大小和个股投资者情绪对股票收益率的影响成反比相符合。

7.4　本章小结

本章在前述分析的基础上将个股投资者情绪指数引入选股策略中。首先，从公司盈利能力、公司的资产规模、股票估值、资产结构、成长性、流动性和股票的个股投资者情绪7个维度选取30个指标作为选股因子；其次，使用IC法检验和Fama-MacBech检验两种检验的结果对选股因子进行初步筛选，筛选出净资产收益率、资产收益率、每股收益增长率、营业收入增长率、总资产增长率、市盈率、市净率、流通市值、换手率、流动比率、个股投资者情绪指数等11个选股因子；再次，考虑部分选股因子间可能存在多重共线性问题，需要对其两两之间的相关性进行检验，剔除相关性高的冗余因子，最终保留净资产收益率、营业收入增长率、总资产增长率、市盈率、流通市值、换手率、个股投资者情绪指数 7 个因子；最后，基于以上 7 个因子构建基于 Logistic 回归的选股模型，基于选股模型构建交易策略，并对策略进行回测分析，选取年化收益率、夏普比率、最大回撤、阿尔法、贝塔 5 个指标来衡量策略的整体表现，并将其与未引入个股投资者情绪指数因子的选股模型进行比较，衡量和评价在多因子选股模型中引入了个股投资者情绪因子是否能达到显著地改善投资策略的效果。

通过分析得到如下结论：

（1）引入个股投资者情绪因子的选股策略在投资期间年化收益率高于未引入个股投资者情绪因子的选股策略，说明本书构建的个股投资者情绪指数对股票收益率有一定的影响，并能够提升选股策略的收益率。

（2）引入个股投资者情绪指数因子选股策略的阿尔法值高于未引入个股投资者情绪指数因子的选股策略，最大回撤小于未引入情绪因子的选股策略的最大回撤，贝塔值也低于未引入情绪因子的选股策略，说明个股投资者情绪指数因子能够获得相对于基准收益而言更高的超额收益，引入个股投资者情绪指数因子的策略风险相对更小一些，承受的最大损失也较小。

（3）引入个股投资者情绪指数因子的投资策略的夏普比率比未引入个股投资者情绪指数因子的策略提升了 15%，说明本书提出的选股策略能够在单位风险下获得更高的绝对收益。

（4）对于大市值股票组合策略和小市值股票组合策略而言，引入个股投资者情绪指数因子的选股策略的年化收益率和夏普比率均优于未引入个股投资者情绪指数因子的策略，说明本书建立的情绪因子能够优化投资策略。另外，从年化收益率、夏普比率、最大回撤、阿尔法、贝塔 5 个指标的角度来看，对于大市值股票组合策略来说，小市值股票组合策略的效果更好，进一步验证了公司的流通市值大小和个股投资者情绪对股票收益率的影响成反比这一结论。

第 8 章

结论、展望及建议

8.1　结论

首先，本书利用文本挖掘的方法爬取东方财富网股吧中中证500指数成分股的股票评论帖子文本信息，通过LTP3.3对文本信息分词并采用Synonyms工具包扩充词条生成情感词典，利用情感词典和长短期记忆模型（LSTM）对帖子进行看涨帖子和看跌帖子分类，进而从帖子的内容（信息情绪基调）、帖子的数量（信息数量）、帖子的评论量（信息强度）3个角度综合构建个股投资者情绪指数；其次，以个股投资者情绪指数和股票市场（收益率、波动率）为研究对象，对中证500指数成分股的个股投资者情绪指数与股票收益率和波动率构建面板向量自回归模型，研究个股投资者情绪与股票市场的关系，并进一步探讨了不同市值水平、不同行业、不同市态、不同换手率情况下个股投资者情绪与股票收益率和波动率关系的异质性；最后，将本书构建的个股投资者情绪指数作为选股因子，引入基于Logistic回归选股模型中，通过年化收益率、夏普比率、最大回撤等评价指标将其与未引入情绪因子的选股策略进行比较分析，进一步论证该因子对选股策略的优化作用。

本书的研究结论如下：

（1）对于衡量个股投资者情绪的指标来说，本书从帖子的内容（信息情绪基调）、帖子的数量（信息数量）、帖子的评论量（信息强度）3个角度综合构建个股投资者情绪指数，通过有效性分析发现本书构建的个股投资者情绪指数在一定程度上可以反映投资者情绪的变化，提升了本书对于情绪信息的度量精度。

（2）个股投资者情绪对股票收益率有显著的正向影响且影响周期较短，股票收益率也会引起个股投资者情绪正向变动但具有一定的时滞性。个股投资者情绪对股票波动率有显著负向影响且影响周期较短，股票波动率对个股投资者情绪的影响并不显著。

（3）公司流通市值越大，个股投资者情绪和股票收益率的相互影响程度越小，对于流通市值较小的公司来说，个股投资者情绪和股票收益率的相互影响程度较大。高市值公司的个股投资者情绪对股票波动率有显著负向影响，而对低市值公司来说，个股投资者情绪对股票波动率的影响并不显著，从股票波动率对个股投资者情绪指数的影响来看，波动率对个股投资者情绪指数的影响均不显著。

（4）熊市中个股投资者情绪与股票收益率的相互影响比牛市中更显著，且影响更持久。在熊市中，个股投资者情绪对股票波动率有显著负向影响，而在牛市中个股投资者情绪对股票波动率无显著的影响。

（5）个股投资者情绪与不同行业股票收益率变动的影响关系存在差异性，行业内的竞争程度越高，公司的个股投资者情绪对股票收益率变动的影响程度越小。

（6）在高换手率公司中，个股投资者情绪更容易对股票波动率产生显著影响；而在低换手率公司中，个股投资者情绪对股票波动率的影响并不显著。高换手率水平的公司，其股票交易往往更加频繁，投资者情绪通过成交量变动进行传递，这一传递过程使个股投资者情绪更易对股票波动率产生影响，表现为投资者情绪对股票波动率的影响更为显著。

（7）在 Logistic 回归选股模型中，本书构建的选股策略的整体表现优于中证 500 指数年化收益率，说明本书的选股策略能够有效提升投资收益；对于不同调仓周期的策略组合而言，引入投资者情绪因子的选股策略表现均比未引入投资者情绪因子的选股策略更优；对于大市值股票组合策略和小市值股票组合策略而言，引入投资者情绪因子的选股策略的收益情况优于未引入投资者情绪因子的策略，在策略中投资情绪因子的加入对小市值股票组合策略的收益提升效果更好，这与本书公司的流通市值大小和个股投资者情绪对股票收益率的影响成反比这一结论相符合。综合来看，在不同调仓周期、不同公司市值分组中，引入情绪因子的多个选股策略的整体表现均优于未引入情绪因子的选股策略的整体表现，即本书构建的个股投资者情绪因子能够在一定程度上优化选股策略，也从侧面体现了分析挖掘股吧文本信息的重要性。

8.2 展望

目前书中还有一些问题尚未解决，需要进一步研究。

（1）本书通过计算机技术从东方财富网股吧中获取了大量的研究数据，虽然东方财富网股吧是中国股票市场上最具影响力、访问量最大的股票网络论坛，但单个网站每天的新闻信息和股票论坛帖子数量是有限的，容易出现数据质量分布不均匀的问题，在后续研究过程中需考虑丰富股吧帖子信息的获取源，使得情感词典更加全面。

（2）由于投资者在面对股市时会在多个论坛、网站表达投资情绪，而本书仅基于该股票论坛对投资者情绪进行度量，数据来源还不够丰富，同时获取数据时间段为2018年9月1日至2019年8月31日，周期较短，可能会对情绪度量的精准性有所影响，在后续研究中需进一步拓宽股评信息的来源渠道，以及延长时间周期，以便准确地刻画和度量个股投资者情绪指数。

（3）在情感分析过程中，只有当情感词典准确全面时，情感分析才能较为精准，目前股吧信息中的词语往往存在不规范性和时效性，所以在后续研究中需逐步完善和更新词库，进一步提高情感分析的准确性。

（4）在分析个股投资者情绪与股市波动率的关系时，考虑到数据的可获得性与连续性，本书所采用的个股投资者情绪指数与波动率指标通过数据处理之后均为月度数据，在实证分析过程中，这种中低频数据对投资者情绪的反映可能存在一定偏差。

8.3 建议

本书从投资者情绪的角度出发，基于股评信息从个股层面构建了投资者情绪指数，并通过实证分析论证了投资者情绪对股票市场的影响及其在投资策略构建中的重要作用。在信息时代，随着网络媒体信息的发布、阅读、评论，不理性的投资者会盲目跟风，理性投资者会对最初信息的发布持肯定或怀疑态度，在信息传播的过程中，众多投资者的情绪会趋于一致，最终影响其投资决策，进而影响股票市场。基于以上分析，本书从个股投资者和监管机构两个层面提出相关建议，为促进我国股票市场的稳定发展贡献一点绵薄之力。

从个股投资者角度来看，当投资者情绪较高时，会对股市产生积极作用，但是当情绪太过于高涨时，会产生过度交易行为，对股市产生影响。在网络媒体如此发达的时代，个股投资者特别是散户不仅要有收集信息的能力，还需要有对网络信息的判断和甄别分析能力，避免盲目跟风，理性看待股评信息和股票市场的异常行为。首先，作为投资者应该不断地学习经济金融知识，掌握新的方法，并将新知识和新方法应用到自己的投资中；其次，投资者应关注官方媒体发布的公告、相关政策以及公司的财务报表，不随意相信非官方媒体或者自媒体的信息甚至是市场谣言，应理性进行投资交易活动。

在互联网和大数据飞速发展的时代背景下，信息和媒体也迎来了快速的发展，投资者对信息的获取以及信息之间的传递更加便捷。那么，从监管者层面来看，首先，应该加强对金融投资知识的普及和宣传，增强投资者辨别各类网络信息真假的能力，也可以建立信息发布平台，对投资者情绪进行引导。其次，在信息时代背景下，媒体的快速发展拓宽了个人投资者对外部信息的获取渠道与情绪传染的路径，网络信息传播实现了数字化信息传递、交流、共享，投资者可以在最短时间内获取到实时信息，了解彼此的想法，然而在互联网信息传播中不真实的甚至虚假的信息层出不穷，一些网站把媒体上发布的信息进行加工剪裁，为引起“轰动效应”、提升点击率而故意传播虚假信息，信息的真实性、可靠性大打折扣，这些消息容易造成投资者情绪的波动，进而影响股票市场，监管者应该规范网络平台的信息传播行为，提高媒体发布信息的真实性，提高对信息披露真实性的要求，防范虚假信息所导致的市场波动风险。最后，可以构建市场情绪监控体系，将投资者情绪纳入风险管理体系中，实时动态监控市场情绪变化，让乐观情绪与悲观情绪处于合理、可控、相制约的范围内，不能让情绪把控股票市场，导致经济体系失去其应有的秩序和稳定。

参 考 文 献

［1］Baker M, Stein J C. Market liquidity as a sentiment indicator ［J］. Journal of Financial Markets, 2004, 7 (3): 271-299.

［2］Lowry M . Why does IPO volume fluctuate so much? ［J］. Journal of Financial Economics, 2003, 67 (1): 3-40.

［3］Ljungqvist A, Singh R, Nanda V K . Hot markets, investor sentiment, and IPO pricing ［J］. Journal of Business, 2006, 79 (4): 1667-1720.

［4］Han L Y, Wu Y R. Investor sentiment and the mystery of IPOs-underpricing or premium ［J］. Management World, 2007 (3): 51-61.

［5］Frazzini A, Lamont O A . Dumb money: Mutual fund flows and the cross-section of stock returns ［J］. Journal of Financial Economics, 2008, 88 (2): 299-322.

［6］Joseph K, Wintoki M B, Zhang Z. Forecasting abnormal stock returns and trading volume using investor sentiment: Evidence from online search ［J］. International Journal of Forecasting, 2011, 27 (4): 1116-1127.

［7］王美今，孙建军．中国股市收益、收益波动与投资者情绪［J］. 经济研究，2004 (10): 75-83.

［8］张强，杨淑娥．噪音交易、投资者情绪波动与股票收益［J］. 系统工程理论与实践，2009, 29 (3): 40-47.

［9］朱伟骅，张宗新．投资者情绪市场波动与股市泡沫［J］. 经济理论与经济管理，2008 (2): 45-50.

［10］张丹，廖士光．中国证券市场投资者情绪研究［J］. 证券市场导报，2009 (10): 61-68.

［11］鲁训法，黎建强．中国股市指数与投资者情绪指数的相互关系［J］. 系统工程理论与实践，2012, 32 (3): 621-629.

［12］段江娇，刘红忠，曾剑平．投资者情绪指数、分析师推荐指数与股指收益率的影响研究：基于我国东方财富网股吧论坛、新浪网分析师个股评级数据［J］．上海金融，2014（11）：60-64.

［13］邵新建，何明燕，江萍，等．媒体公关、投资者情绪与证券发行定价［J］．金融研究，2015（9）：190-206.

［14］汪昌云，武佳薇．媒体语气、投资者情绪与 IPO 定价［J］．金融研究，2015（9）：174-189.

［15］陈健，曾世强．投资者情绪对股票价格波动的影响研究［J］．价格理论与实践，2018（7）：99-102.

［16］Baker M，Wurgler J . Investor sentiment and the cross-section of stock returns［J］. Economic Management Journal，2006，61（4）：1645-1680.

［17］Fisher K L，Statman M. Consumer confidence and stock returns［J］. The Journal of Portfolio Management，2003，30（1）：115-127.

［18］Huang E J. The role of institutional investors and individual investors in financial markets：Evidence from closed-end funds［J］. Ssrn Electronic Journal，2012.

［19］饶育蕾，刘达峰．行为金融学［M］．上海：上海财经大学出版社，2003：47-53.

［20］易志高，茅宁．中国股市投资者情绪测量研究：CICSI 的构建［J］．金融研究，2009（11）：174-184.

［21］王镇，郝刚．投资者情绪指数的构建研究：基于偏最小二乘法［J］．金融理论与实践，2014（7）：1-6.

［22］马若微，张娜．我国股票市场投资者情绪 RS 指数的构建：基于上证 A 股公司的面板数据［J］．中央财经大学学报，2015（7）：42-49.

［23］李合龙，刘方舟，冯春娥，等．投资者情绪与股市收益率波动的联动性［J］．系统工程，2016，34（12）：17-23.

［24］巴曙松，朱虹．融资融券、投资者情绪与市场波动［J］．国际金融研究，2016（8）：82-96.

［25］易洪波，蔡玉叶，董大勇．我国股市投资者情绪指数构建及其影响研究［J］．价格理论与实践，2017（10）：130-133.

［26］胡昌生，程志富．投资者情绪对上证 50ETF 隐含分布偏度影响

的实证研究 [J]. 数理统计与管理，2019，38 (3)：549-560.

[27] 沈银芳，严鑫. 沪深300指数波动率和VaR预测研究：基于投资者情绪的HAR-RV GAS模型 [J]. 浙江大学学报 (理学版)，2022，49 (1)：66-75.

[28] Wysocki P D. Cheap talk on the web：The determinants of postings on stock message boards [J]. Ssrn Electronic Journal，1999.

[29] Antweiler W，Frank M Z. Is all that talk just noise? The information content of internet stock message boards [J]. The Journal of Finance，2004，59 (3)：1259-1294.

[30] Hong-Bo Y I，Juan-Juan L，Da-Yong D. A study of the influence of BBS investor sentiments on the trading market：An empirical analysis based on VAR model [J]. Collected Essays on Finance and Economics，2015 (1)：46-54.

[31] Leung H，Ton T. The impact of internet stock message boards on cross-sectional returns of small-capitalization stocks [J]. Journal of Banking & Finance，2015，55：37-55.

[32] Bartov E，Faurel L，Mohanram P S. Can twitter help predict firm-level earnings and stock returns? [J]. The Accounting Review，2017，93 (3)：25-57.

[33] Lee W Y，Jiang C X. Stock market volatility，excess returns，and the role of investor sentiment-science direct [J]. Journal of Banking & Finance，2019，26 (12)：2277-2299.

[34] 程琬芸，林杰. 社交媒体的投资者涨跌情绪与证券市场指数 [J]. 管理科学，2013 (5)：111-119.

[35] 孟雪井，孟祥兰，胡杨洋. 基于文本挖掘和百度指数的投资者情绪指数研究 [J]. 宏观经济研究，2016 (1)：144-153.

[36] 杨晓兰，沈翰彬，祝宇. 本地偏好、投资者情绪与股票收益率：来自网络论坛的经验证据 [J]. 金融研究，2016 (12)：143-158.

[37] 罗衎，王春峰，房振明. 投资者情绪影响下资本资产定价的区制性研究：基于股票论坛发帖的情感分析 [J]. 运筹与管理，2017，26 (10)：129-136.

［38］石善冲，朱颖楠，赵志刚，等．基于微信文本挖掘的投资者情绪与股票市场表现［J］．系统工程理论与实践，2018，38（6）：1404-1412.

［39］孟志青，郑国杰，赵韵雯．网络投资者情绪与股票市场价格关系研究：基于文本挖掘技术分析［J］．价格理论与实践，2018（8）：127-130.

［40］金秀，姜尚伟，苑莹．基于股吧信息的投资者情绪与极端收益的可预测性研究［J］．管理评论，2018，30（7）：16-25.

［41］尹海员，吴兴颖．投资者高频情绪对股票日内收益率的预测作用［J］．中国工业经济，2019（8）：80-98.

［42］蔡毅，唐振鹏，吴俊传，等．异质投资者情绪对股市的影响研究：基于文本语义分析［J］．系统科学与数学，2021，41（11）：3093-3108.

［43］De Long J B，Shleifer A，Summers L H，et al. Noise trader risk in financial markets［J］．Journal of Political Economy，1990，98（4）：703-738.

［44］Swaminathan B. Time-varying expected small firm returns and closed-end fund discounts［J］．The Review of Financial Studies，1996，9（3）：845-887.

［45］Brown G W，Cliff M T. Investor sentiment and the Near-term Stock Market［J］．Journal of Empirical Finance，2004，11（1）：1-27.

［46］Seok S I，Cho H，Ryu D．Firm-specific investor sentiment and daily stock returns［J］．The North American Journal of Economics and Finance，2019（50）．

［47］Baur Socorro Q. and Eric S. The 1986-1988 stock market：Investor sentiment or fundamentals［J］．Man-agerial & Decision Economics，1996，3（17）．

［48］Maik Schmeling. Investor sentiment and stock returns：Some international evidence［J］．Journal of Empirical Finance，2009，16（3）：394-408.

［49］Agarwal S，Kumar S，Goel U. Social media and the stock markets：An emerging market perspective［J］．Journal of Business Economics Management，2021，22（6）：1614-1632.

［50］张信东，于静．企业投资主导要素研究［J］．科研管理，2018，

39（2）：125-134.

［51］部慧，解峥，李佳鸿，等．基于股评的投资者情绪对股票市场的影响［J］．管理科学学报，2018，21（4）：86-101.

［52］姚远，姚贝贝，钟琪．投资者情绪对股票收益率的影响研究：基于上证 A 股数据的实证分析［J］．价格理论与实践，2019（5）：88-91.

［53］梅立兴，张灿，何鲁．投资者情绪与股票收益：来自移动互联网的实证研究［J］．南方经济，2019（3）：36-53.

［54］赵庆国，曲晓宇．投资者情绪对中国不同行业股票收益率的影响［J］．会计之友，2022（14）：54-60.

［55］石勇，唐静，郭琨．社交媒体投资者关注、投资者情绪对中国股票市场的影响［J］．中央财经大学学报，2017（7）：45-53.

［56］张艾莲，郭升刚．投资者情绪对异质股票市场的非对称影响［J］．统计与信息论坛，2020，35（4）：113-118.

［57］何诚颖，陈锐，薛冰，等．投资者情绪、有限套利与股价异象［J］．经济研究，2021，56（1）：58-73.

［58］Lee，W Y，Jiang C X，Indroc D C. Stock market volatility，excess returns，and the role of investor sentiment［J］. Journal of Banking & Finance，2002，26（12）：2277-2299.

［59］Beaumont R，Daele M V，Frijns B，et al. Investor sentiment，mutual fund flows and its impact on returns and volatility［J］. Managerial Finance，2008，34（11）：772-785.

［60］Stambaugh R F，Yu J，Yuan Y. The short of it：Investor sentiment and anomalies［J］. CFA Digest，2012，42（3）：24-27.

［61］Kim S H，Kim D. Investor sentiment from internet message postings and the predictability of stock returns［J］. Journal of Economic Behavior & Organization，2014，107（11）：708-729.

［62］Nooijen S J，Broda S A. Predicting equity markets with digital online media sentiment：Evidence from markov-switching models［J］. Journal of Behavioral Finance，2016，17（4）：321-335.

［63］Spyrou sentiment changes，stock returns and volatility：Evidence from NYSE，AMEX and NASDAQ stocks［J］. Applied Financial Economics，

2012，22（19）：1631-1646.

［64］Stelios B，Rangan G，Clement K. A non-linear approach for predicting stock returns and volatility with the use of investor sentiment indices［J］. Applied Economics，2016（31）：1-4.

［65］Labidi C，Yaakoubi S. Investor sentiment and aggregate volatility pricing［J］. The Quarterly Review of Economics and Finance，2016（61）：53-63.

［66］张强，杨淑娥．噪音交易、投资者情绪波动与股票收益［J］. 系统工程理论与实践，2009，29（3）：40-47.

［67］张宗新，王海亮．投资者情绪、主观信念调整与市场波动［J］. 金融研究，2013（4）：142-155.

［68］王春．投资者情绪对股票市场收益和波动的影响：基于开放式股票型基金资金净流入的实证研究［J］. 中国管理科学，2014，22（9）：49-56.

［69］文凤华，肖金利，黄创霞，等．投资者情绪特征对股票价格行为的影响研究［J］. 管理科学学报，2014，17（3）：60-69.

［70］何平，吴添，姜磊，等．投资者情绪与个股波动关系的微观检验［J］. 清华大学学报（自然科学版），2014（5）：655-663.

［71］熊熊，罗春春，张烨．股吧和交易：股吧中的信息内容研究［J］. 系统科学与数学，2017，37（12）：2359-2374.

［72］黄虹，张恩焕，孙红梅，等．融资融券会加大投资者情绪对股指波动的影响吗？［J］. 中国软科学，2016（3）：151-161.

［73］丽旭，庄新田．投资者情绪与股票收益波动溢出效应［J］. 系统管理学报，2009，18（4）：367-372.

［74］薛文骏，王大中，倪中新．投资者情绪对股票收益非对称影响的实证研究［J］. 金融纵横，2014（6）：64-69.

［75］史永东，王镇．投资者情绪影响动量效应吗?：来自上证 A 股的经验证据［J］. 投资研究，2015（9）：90-103.

［76］刘毅. 因子选股模型在中国市场的实证研究［D］. 上海：复旦大学，2012.

［77］张雅慧，万迪，付雷鸣．基于投资者关注的媒体报道影响投资

行为的实验研究［J］. 系统工程，2012（10）：19-35.

［78］阮进，袁景瑞，梁循 . 互联网金融新闻搜索的文本消重方法研究［J］. 西华大学学报（自然科学版），2008，27（2）：1-3.

［79］崔亮 . 投资者情绪的统计测评及其应用研究［D］. 成都：西南财经大学，2013.

［80］陈卫华，徐国祥 . 基于深度学习和股票论文数据的股市波动率预测精度研究［J］. 管理世界，2018，34（1）：180-181.

［81］邓东 . 情感词典构建方法及其应用研究［D］. 北京：北京交通大学，2019.

［82］梅立兴，张灿，何鲁 . 投资者情绪与股票收益：来自移动互联网的实证研究［J］. 南方经济，2019（3）：36-53.

［83］方勇 . 证券投资者情绪对市场收益及波动率影响的实证研究［J］. 商业时代，2010（4）：94-96.

附表 1　国药一致（000028）相关信息表

日期	帖子数	积极情绪帖子数	消极情绪帖子数	每个帖子平均评论量	积极情绪帖子的平均评论量	消极情绪帖子的平均评论量	投资者情绪指数
2018-09-01	8167	548	5899	203	14	147	-0. 9829
2018-09-02	7284	1230	3526	446	75	216	-0. 7830
2018-09-03	2351	876	894	528	197	201	-0. 0203
2018-09-04	4434	1953	1222	52	23	14	0. 4373
2018-09-05	7675	3991	2089	166	86	45	0. 5699
2018-09-06	5603	2571	1514	632	290	171	0. 4850
2018-09-07	7459	3021	3232	606	246	263	-0. 0674
2018-09-08	2993	1311	834	460	201	128	0. 4238
2018-09-09	2348	598	794	72	18	24	-0. 2761
2018-09-10	163	68	45	64	27	18	0. 3909
2018-09-11	1691	391	251	259	60	38	0. 4163
2018-09-12	9303	502	3636	319	17	125	-0. 9626
2018-09-13	6238	2784	1973	544	243	172	0. 3313
2018-09-14	3088	1148	660	68	25	15	0. 5032
2018-09-15	5853	1826	2901	39	12	20	-0. 4325
2018-09-16	7313	3544	3593	393	190	193	-0. 0137
2018-09-17	6261	1220	2720	636	124	276	-0. 6650
2018-09-18	3606	536	758	410	61	86	-0. 3333
2018-09-19	4486	2379	1066	445	236	106	0. 6656
2018-09-20	9455	5771	1772	37	23	7	0. 8277
2018-09-21	2440	954	1400	24	9	14	-0. 3658
2018-09-22	9217	8438	231	127	116	3	0. 9985
2018-09-23	4668	388	1787	536	45	205	-0. 9100

续表

日期	帖子数	积极情绪帖子数	消极情绪帖子数	每个帖子平均评论量	积极情绪帖子的平均评论量	消极情绪帖子的平均评论量	投资者情绪指数
2018-09-24	5281	1591	2699	416	125	213	−0.4842
2018-09-25	1235	478	36	52	20	2	0.9887
2018-09-26	8081	2809	1178	121	42	18	0.7009
2018-09-27	8094	141	3865	136	2	65	−0.9973
2018-09-28	7995	342	3977	278	12	139	−0.9853
2018-09-29	8073	5060	2809	123	77	43	0.5288
2018-09-30	8647	3990	2645	52	24	16	0.3894
2018-10-01	5561	695	1525	846	106	232	−0.6560
2018-10-02	1301	793	280	323	197	70	0.7783
2018-10-03	135	16	77	1	0	1	−0.9172
2018-10-04	1775	1021	32	172	99	3	0.9980
2018-10-05	6357	2854	2038	198	89	64	0.3246
2018-10-06	7731	3673	2587	232	110	78	0.3368
2018-10-07	3652	391	1645	66	7	30	−0.8930
2018-10-08	922	682	184	126	94	25	0.8643
2018-10-09	8878	5533	1737	394	246	77	0.8206
2018-10-10	6460	1973	2030	391	119	123	−0.0285
2018-10-11	3142	1290	20	4	2	0	0.9995
2018-10-12	9576	3597	2012	170	64	36	0.5234
2018-10-13	2205	566	1546	17	4	12	−0.7636
2018-10-14	9770	2422	3041	618	153	192	−0.2237
2018-10-15	6991	2916	3506	27	11	13	−0.1822
2018-10-16	9248	3938	1460	418	178	66	0.7583
2018-10-17	629	98	358	30	5	17	−0.8606
2018-10-18	9054	4492	2746	654	324	198	0.4559
2018-10-19	3989	1886	955	50	24	12	0.5918
2018-10-20	9853	4190	2187	182	77	40	0.5718
2018-10-21	6202	3326	2065	245	131	81	0.4435
2018-10-22	6175	2073	1760	232	78	66	0.1622
2018-10-23	1296	621	385	661	317	196	0.4447

续表

日期	帖子数	积极情绪帖子数	消极情绪帖子数	每个帖子平均评论量	积极情绪帖子的平均评论量	消极情绪帖子的平均评论量	投资者情绪指数
2018-10-24	1174	498	296	566	240	143	0.4779
2018-10-25	8668	2747	1619	264	84	49	0.4844
2018-10-26	4654	2061	1842	419	185	166	0.1119
2018-10-27	3709	1176	1608	97	31	42	-0.3030
2018-10-28	8617	2980	3679	44	15	19	-0.2077
2018-10-29	7204	3138	460	72	31	5	0.9579
2018-10-30	7607	2918	2096	312	120	86	0.3193
2018-10-31	4320	1834	1486	45	19	15	0.2074
2018-11-01	1860	499	545	306	82	90	-0.0880
2018-11-02	5332	1800	320	248	84	15	0.9387
2018-11-03	8391	2182	3052	202	53	74	-0.3235
2018-11-04	9239	2360	4514	501	128	245	-0.5707
2018-11-05	9696	513	7297	893	47	672	-0.9902
2018-11-06	753	140	477	145	27	92	-0.8414
2018-11-07	8806	1935	6614	454	100	341	-0.8423
2018-11-08	4459	863	2021	16	3	7	-0.6916
2018-11-09	1099	212	309	685	132	192	-0.3599
2018-11-10	621	284	271	680	311	297	0.0468
2018-11-11	6352	4388	838	16	11	2	0.9296
2018-11-12	3248	726	1412	424	95	184	-0.5818
2018-11-13	4529	2626	1862	92	53	38	0.3309
2018-11-14	3166	1251	1250	41	16	16	0.0008
2018-11-15	3557	526	1657	22	3	10	-0.8169
2018-11-16	9885	3560	1389	96	35	13	0.7358
2018-11-17	1223	467	696	155	59	88	-0.3791
2018-11-18	9228	2662	2838	187	54	57	-0.0639
2018-11-19	5434	1535	24	268	76	1	0.9995
2018-11-20	9014	1918	3954	31	7	13	-0.6190
2018-11-21	4453	708	3086	417	66	289	-0.9000
2018-11-22	3382	539	1640	25	4	12	-0.8050

续表

日期	帖子数	积极情绪帖子数	消极情绪帖子数	每个帖子平均评论量	积极情绪帖子的平均评论量	消极情绪帖子的平均评论量	投资者情绪指数
2018-11-23	714	307	239	222	95	74	0. 2453
2018-11-24	6325	2420	1579	211	81	53	0. 4028
2018-11-25	6318	4653	1163	355	261	65	0. 8824
2018-11-26	7157	2451	2968	190	65	79	-0. 1891
2018-11-27	4622	1797	552	118	46	14	0. 8276
2018-11-28	5945	762	4578	62	8	48	-0. 9461
2018-11-29	9886	2865	2794	112	33	32	0. 0251
2018-11-30	7625	2219	3446	871	253	393	-0. 4138
2018-12-01	1221	37	588	41	1	20	-0. 9921
2018-12-02	6758	2692	3634	441	176	237	-0. 2914
2018-12-03	9968	4813	4600	459	222	212	0. 0452
2018-12-04	9904	4515	1867	32	15	6	0. 7080
2018-12-05	6673	4264	209	165	106	5	0. 9952
2018-12-06	8555	3015	4204	342	120	168	-0. 3207
2018-12-07	6603	1744	2479	45	12	17	-0. 3379
2018-12-08	6406	1036	1577	54	9	13	-0. 3971
2018-12-09	6239	610	2089	26	3	9	-0. 8429
2018-12-10	3921	363	8	144	13	0	0. 9990
2018-12-11	4151	1459	1651	463	163	184	-0. 1230
2018-12-12	4263	1386	867	188	61	38	0. 4375
2018-12-13	1666	138	1060	334	28	213	-0. 9667
2018-12-14	6719	2694	63	121	49	1	0. 9989
2018-12-15	6160	2583	3004	93	39	45	-0. 1499
2018-12-16	2272	393	744	82	14	27	-0. 5637
2018-12-17	1227	145	600	127	15	62	-0. 8896
2018-12-18	4524	2553	596	146	83	19	0. 8966
2018-12-19	919	235	324	16	4	6	-0. 3106
2018-12-20	4421	983	2161	562	125	275	-0. 6571
2018-12-21	4087	81	3673	343	7	308	-0. 9990
2018-12-22	1629	1081	500	384	255	118	0. 6475

续表

日期	帖子数	积极情绪帖子数	消极情绪帖子数	每个帖子平均评论量	积极情绪帖子的平均评论量	消极情绪帖子的平均评论量	投资者情绪指数
2018-12-23	5024	1276	2319	82	21	38	-0.5352
2018-12-24	5469	2420	2569	35	16	17	-0.0597
2018-12-25	2470	825	760	451	150	139	0.0819
2018-12-26	7229	3611	1149	7	4	1	0.8161
2018-12-27	8957	3523	808	234	92	21	0.9001
2018-12-28	3496	575	1212	62	10	21	-0.6326
2018-12-29	8453	2552	1895	114	34	26	0.2892
2018-12-30	4716	1046	349	19	4	1	0.7997
2018-12-31	5877	911	2135	253	39	92	-0.6919
2019-01-01	6354	956	3802	42	6	25	-0.8811
2019-01-02	8601	4494	1757	66	35	14	0.7348
2019-01-03	1775	526	1060	458	136	274	-0.6048
2019-01-04	3889	1777	88	467	213	11	0.9951
2019-01-05	8720	6822	837	430	337	41	0.9703
2019-01-06	1687	695	271	523	215	84	0.7360
2019-01-07	2918	406	124	215	30	9	0.8294
2019-01-08	8212	614	612	4	0	0	0.0033
2019-01-09	5784	2038	2074	47	16	17	-0.0175
2019-01-10	371	215	44	640	371	76	0.9196
2019-01-11	9276	762	3102	423	35	141	-0.8862
2019-01-12	3877	291	814	39	3	8	-0.7734
2019-01-13	4318	2427	10	828	466	2	1.0000
2019-01-14	2916	369	1037	552	70	196	-0.7752
2019-01-15	6119	2223	2298	348	127	131	-0.0332
2019-01-16	8123	2541	2714	127	40	42	-0.0658
2019-01-17	6569	2265	2440	252	87	94	-0.0743
2019-01-18	7457	2511	2589	119	40	41	-0.0306
2019-01-19	8016	3889	1204	108	52	16	0.8251
2019-01-20	8485	3130	3326	386	142	151	-0.0607

续表

日期	帖子数	积极情绪帖子数	消极情绪帖子数	每个帖子平均评论量	积极情绪帖子的平均评论量	消极情绪帖子的平均评论量	投资者情绪指数
2019-01-21	9781	3163	5275	43	14	23	−0.4711
2019-01-22	4827	454	1039	431	41	93	−0.6794
2019-01-23	8990	3644	1776	53	22	11	0.6161
2019-01-24	3156	1516	649	195	93	40	0.6902
2019-01-25	9971	4589	5340	148	68	80	−0.1504
2019-01-26	4567	2250	466	269	132	27	0.9177
2019-01-27	5756	1808	1677	260	82	76	0.0751
2019-01-28	1670	737	131	283	125	22	0.9387
2019-01-29	9323	3571	2890	364	140	113	0.2085
2019-01-30	5959	456	3697	96	7	60	−0.9700
2019-01-31	9914	2236	3819	15	3	6	−0.4894
2019-02-01	7025	2879	1818	39	16	10	0.4298
2019-02-02	7747	3333	1703	113	49	25	0.5860
2019-02-03	773	388	85	234	117	26	0.9084
2019-02-04	9152	4529	2376	173	85	45	0.5684
2019-02-05	6905	2312	899	277	93	36	0.7373
2019-02-06	7049	1681	4287	356	85	216	−0.7335
2019-02-07	4237	551	1887	269	35	120	−0.8429
2019-02-08	3421	824	1905	673	162	375	−0.6848
2019-02-09	9503	7192	2248	79	60	19	0.8220
2019-02-10	2618	1492	498	473	270	90	0.7995
2019-02-11	9573	2899	1904	54	17	11	0.3973
2019-02-12	6303	2321	2458	912	336	356	−0.0573
2019-02-13	4839	1566	224	103	33	5	0.9599
2019-02-14	4598	1699	1354	243	90	72	0.2232
2019-02-15	4843	114	1879	89	2	35	−0.9927
2019-02-16	9356	5264	2144	77	43	18	0.7154
2019-02-17	229	75	33	73	24	11	0.6756

续表

日期	帖子数	积极情绪帖子数	消极情绪帖子数	每个帖子平均评论量	积极情绪帖子的平均评论量	消极情绪帖子的平均评论量	投资者情绪指数
2019-02-18	4044	1418	1622	141	50	57	−0. 1336
2019-02-19	4634	1066	2199	10	2	5	−0. 6194
2019-02-20	2462	1180	744	80	38	24	0. 4311
2019-02-21	6676	3848	2107	763	440	241	0. 5387
2019-02-22	9727	3224	5331	476	158	261	−0. 4644
2019-02-23	3608	300	1660	204	17	94	−0. 9367
2019-02-24	8621	72	5892	14	0	9	−0. 9997
2019-02-25	6003	3329	88	16	9	0	0. 9986
2019-02-26	5963	2196	1926	476	175	154	0. 1304
2019-02-27	8032	2438	3420	583	177	248	−0. 3261
2019-02-28	2516	833	868	151	50	52	−0. 0411
2019-03-01	3342	1451	489	55	24	8	0. 7960
2019-03-02	2658	1317	1133	232	115	99	0. 1494
2019-03-03	6632	3893	1086	785	461	129	0. 8556
2019-03-04	9879	1690	5556	15	3	9	−0. 8306
2019-03-05	2230	310	1145	37	5	19	−0. 8634
2019-03-06	3104	183	1151	437	26	162	−0. 9507
2019-03-07	3568	2351	1145	720	474	231	0. 6166
2019-03-08	5051	1795	1101	118	42	26	0. 4533
2019-03-09	3485	595	1855	62	11	33	−0. 8134
2019-03-10	8286	4830	2826	49	28	17	0. 4899
2019-03-11	5063	2086	730	604	249	87	0. 7818
2019-03-12	7140	2777	2502	33	13	12	0. 1039
2019-03-13	3264	545	1703	482	80	252	−0. 8142
2019-03-14	8226	738	2696	752	67	246	−0. 8606
2019-03-15	5018	1245	2233	514	127	229	−0. 5257
2019-03-16	1262	570	199	804	363	127	0. 7827
2019-03-17	4370	1345	1323	491	151	149	0. 0165

续表

日期	帖子数	积极情绪帖子数	消极情绪帖子数	每个帖子平均评论量	积极情绪帖子的平均评论量	消极情绪帖子的平均评论量	投资者情绪指数
2019-03-18	9892	5115	3880	85	44	33	0.2695
2019-03-19	778	464	161	42	25	9	0.7851
2019-03-20	850	145	617	11	2	8	-0.8953
2019-03-21	1522	654	810	753	324	401	-0.2107
2019-03-22	9356	929	3649	373	37	146	-0.8783
2019-03-23	6442	2249	1488	14	5	3	0.3911
2019-03-24	7145	2791	2333	389	152	127	0.1773
2019-03-25	1401	893	72	308	197	16	0.9871
2019-03-26	9544	4253	1520	239	107	38	0.7735
2019-03-27	4371	1499	1890	162	56	70	-0.2277
2019-03-28	1581	1012	12	568	364	4	0.9997
2019-03-29	819	535	55	623	407	42	0.9791
2019-03-30	5163	1801	2574	105	37	52	-0.3427
2019-03-31	8773	1134	7431	5	1	4	-0.9545
2019-04-01	9243	846	3560	57	5	22	-0.8931
2019-04-02	3481	1462	1831	97	41	51	-0.2213
2019-04-03	3328	1739	157	757	395	36	0.9838
2019-04-04	6860	1541	3317	156	35	75	-0.6450
2019-04-05	4678	2237	548	85	41	10	0.8868
2019-04-06	1080	19	439	766	13	311	-0.9963
2019-04-07	3405	5	1135	72	0	24	-1.0000
2019-04-08	1355	1136	167	229	192	28	0.9577
2019-04-09	8870	3392	590	27	10	2	0.9413
2019-04-10	2480	657	777	174	46	54	-0.1662
2019-04-11	5379	4462	283	43	35	2	0.9920
2019-04-12	4648	1084	2560	37	9	20	-0.6959
2019-04-13	4735	1984	1707	231	97	83	0.1493
2019-04-14	9772	5370	4315	48	27	21	0.2153

续表

日期	帖子数	积极情绪帖子数	消极情绪帖子数	每个帖子平均评论量	积极情绪帖子的平均评论量	消极情绪帖子的平均评论量	投资者情绪指数
2019-04-15	2915	909	1032	147	46	52	-0.1262
2019-04-16	9845	7026	1669	892	636	151	0.8932
2019-04-17	8237	1730	3866	63	13	30	-0.6663
2019-04-18	1769	1201	89	117	79	6	0.9891
2019-04-19	2347	727	877	0	0	0	-0.1854
2019-04-20	2007	1099	216	117	64	13	0.9256
2019-04-21	8732	1806	3192	935	193	342	-0.5150
2019-04-22	8118	1503	4906	359	67	217	-0.8284
2019-04-23	9983	1358	4173	35	5	15	-0.8085
2019-04-24	6214	411	2935	45	3	21	-0.9615
2019-04-25	4549	1550	2936	116	40	75	-0.5641
2019-04-26	264	246	0	21	20	0	1.0000
2019-04-27	6372	1441	3195	24	5	12	-0.6619
2019-04-28	6800	3073	1500	18	8	4	0.6152
2019-04-29	6435	1322	2473	271	56	104	-0.5555
2019-04-30	6247	2179	2682	237	83	102	-0.2048
2019-05-01	2646	1996	591	131	99	29	0.8388
2019-05-02	4587	181	1102	51	2	12	-0.9475
2019-05-03	5988	1632	3566	66	18	39	-0.6536
2019-05-04	5338	1060	3056	5	1	3	-0.7852
2019-05-05	106	8	30	539	41	152	-0.8672
2019-05-06	6007	2527	2497	54	23	22	0.0119
2019-05-07	8220	1630	3091	562	111	211	-0.5648
2019-05-08	1067	240	799	197	44	148	-0.8345
2019-05-09	670	608	44	70	63	5	0.9896
2019-05-10	7164	1935	3714	71	19	37	-0.5730
2019-05-11	9413	1503	5799	74	12	46	-0.8741
2019-05-12	2887	1239	1007	398	171	139	0.2044

续表

日期	帖子数	积极情绪帖子数	消极情绪帖子数	每个帖子平均评论量	积极情绪帖子的平均评论量	消极情绪帖子的平均评论量	投资者情绪指数
2019-05-13	4014	2830	905	75	53	17	0. 8144
2019-05-14	9046	3492	3828	61	24	26	-0. 0916
2019-05-15	5170	3773	785	1	1	0	0. 9170
2019-05-16	9685	1617	2156	38	6	8	-0. 2800
2019-05-17	9585	676	1880	43	3	8	-0. 7710
2019-05-18	8586	2038	2322	710	169	192	-0. 1297
2019-05-19	9633	4628	2500	533	256	138	0. 5482
2019-05-20	4641	147	3821	435	14	358	-0. 9970
2019-05-21	352	68	129	292	56	107	-0. 5651
2019-05-22	2181	1782	300	33	27	5	0. 9449
2019-05-23	2735	1790	767	405	265	114	0. 6898
2019-05-24	2357	469	420	802	160	143	0. 1099
2019-05-25	3656	1239	1482	494	167	200	-0. 1772
2019-05-26	9729	3205	6369	183	60	120	-0. 5959
2019-05-27	262	55	100	70	15	27	-0. 5355
2019-05-28	7412	3952	2261	13	7	4	0. 5068
2019-05-29	7334	1576	918	317	68	40	0. 4933
2019-05-30	9251	3110	152	1	0	0	0. 9952
2019-05-31	6403	3717	632	589	342	58	0. 9438
2019-06-01	9380	3104	3214	71	24	24	-0. 0348
2019-06-02	7024	4946	1665	388	273	92	0. 7964
2019-06-03	7797	594	911	62	5	7	-0. 4034
2019-06-04	2004	1429	88	64	46	3	0. 9924
2019-06-05	8150	1390	5040	114	19	71	-0. 8586
2019-06-06	1507	407	664	794	214	350	-0. 4538
2019-06-07	9276	3091	2971	200	67	64	0. 0396
2019-06-08	3725	1902	1416	564	288	214	0. 2868
2019-06-09	419	144	148	323	111	114	-0. 0274

续表

日期	帖子数	积极情绪帖子数	消极情绪帖子数	每个帖子平均评论量	积极情绪帖子的平均评论量	消极情绪帖子的平均评论量	投资者情绪指数
2019-06-10	4232	1125	3101	565	150	414	-0.7674
2019-06-11	6518	25	3241	327	1	162	-0.9999
2019-06-12	2090	683	761	90	29	33	-0.1077
2019-06-13	9526	2704	4530	153	43	73	-0.4746
2019-06-14	6672	3274	3044	221	108	101	0.0727
2019-06-15	4355	1537	502	42	15	5	0.8072
2019-06-16	6416	1847	2546	147	42	58	-0.3104
2019-06-17	657	62	86	139	13	18	-0.3160
2019-06-18	3232	2055	319	219	139	22	0.9529
2019-06-19	8414	4975	388	55	33	3	0.9879
2019-06-20	7613	1609	2108	440	93	122	-0.2637
2019-06-21	6894	410	3719	182	11	98	-0.9760
2019-06-22	1175	209	884	1	0	1	-0.8941
2019-06-23	2391	835	1323	211	74	117	-0.4303
2019-06-24	943	366	309	169	66	55	0.1677
2019-06-25	4020	1868	307	43	20	3	0.9474
2019-06-26	810	423	279	398	208	137	0.3937
2019-06-27	1023	608	347	66	39	22	0.5086
2019-06-28	9409	3349	5389	665	237	381	-0.4428
2019-06-29	2738	1175	741	691	297	187	0.4309
2019-06-30	7698	3798	1583	93	46	19	0.7040
2019-07-01	1248	416	450	27	9	10	-0.0784
2019-07-02	8257	2750	766	430	143	40	0.8560
2019-07-03	1212	545	565	42	19	20	-0.0360
2019-07-04	3789	1333	458	75	26	9	0.7888
2019-07-05	6040	2555	2072	461	195	158	0.2065
2019-07-06	2382	864	825	88	32	30	0.0462
2019-07-07	4528	109	264	49	1	3	-0.7087

续表

日期	帖子数	积极情绪帖子数	消极情绪帖子数	每个帖子平均评论量	积极情绪帖子的平均评论量	消极情绪帖子的平均评论量	投资者情绪指数
2019-07-08	5600	4117	436	873	642	68	0.9778
2019-07-09	6609	2742	3435	146	60	76	-0.2216
2019-07-10	1677	568	443	23	8	6	0.2436
2019-07-11	5925	1455	2322	36	9	14	-0.4361
2019-07-12	1165	118	262	198	20	44	-0.6627
2019-07-13	7774	2421	3043	134	42	53	-0.2248
2019-07-14	5451	246	4373	136	6	109	-0.9937
2019-07-15	3984	1918	419	685	330	72	0.9089
2019-07-16	5760	3272	1295	419	238	94	0.7291
2019-07-17	5461	216	3582	269	11	176	-0.9928
2019-07-18	9630	5061	1123	323	170	38	0.9061
2019-07-19	9043	4476	4530	60	30	30	-0.0120
2019-07-20	2644	1298	352	25	12	3	0.8630
2019-07-21	9572	4464	1039	387	181	42	0.8972
2019-07-22	3974	1083	1221	421	115	129	-0.1194
2019-07-23	5635	709	3973	44	6	31	-0.9383
2019-07-24	6227	297	4348	125	6	87	-0.9907
2019-07-25	227	126	7	702	390	22	0.9938
2019-07-26	7104	1419	2972	147	29	62	-0.6287
2019-07-27	8261	3861	3253	22	10	9	0.1697
2019-07-28	5627	881	3447	207	32	127	-0.8774
2019-07-29	885	288	186	699	227	147	0.4113
2019-07-30	7785	474	2519	111	7	36	-0.9316
2019-07-31	7254	1111	4291	486	74	288	-0.8744
2019-08-01	5357	3197	591	295	176	33	0.9339
2019-08-02	1963	716	503	105	38	27	0.3391
2019-08-03	9936	2571	3389	45	12	15	-0.2694
2019-08-04	8933	28	5337	275	1	164	-0.9999

续表

日期	帖子数	积极情绪帖子数	消极情绪帖子数	每个帖子平均评论量	积极情绪帖子的平均评论量	消极情绪帖子的平均评论量	投资者情绪指数
2019-08-05	5409	465	1520	28	2	8	-0. 8288
2019-08-06	5975	2849	2632	45	21	20	0. 0791
2019-08-07	7558	3826	2713	13	7	5	0. 3308
2019-08-08	9677	2300	4605	114	27	54	-0. 6007
2019-08-09	772	456	152	234	138	46	0. 8000
2019-08-10	9432	4711	1211	525	262	67	0. 8760
2019-08-11	3024	175	427	124	7	18	-0. 7124
2019-08-12	7316	158	1446	358	8	71	-0. 9764
2019-08-13	4338	1415	1099	500	163	127	0. 2475
2019-08-14	4295	2189	154	4	2	0	0. 9902
2019-08-15	9804	2505	2733	253	65	71	-0. 0869
2019-08-16	7242	2564	402	458	162	25	0. 9520
2019-08-17	8544	4366	2037	336	172	80	0. 6425
2019-08-18	6126	1584	2460	445	115	179	-0. 4138
2019-08-19	7552	538	2604	59	4	20	-0. 9181
2019-08-20	5327	1906	586	8	3	1	0. 8273
2019-08-21	9888	1192	846	237	29	20	0. 3300
2019-08-22	9521	3815	2424	682	273	174	0. 4248
2019-08-23	270	163	81	212	128	64	0. 6039
2019-08-24	8917	1911	5175	146	31	84	-0. 7600
2019-08-25	6313	3261	1466	579	299	134	0. 6638
2019-08-26	9611	1300	2272	100	14	24	-0. 5067
2019-08-27	3285	1073	1224	643	210	240	-0. 1309
2019-08-28	6558	1148	3182	673	118	327	-0. 7697
2019-08-29	1134	76	238	5	0	1	-0. 8149
2019-08-30	9991	2881	3499	578	167	202	-0. 1919
2019-08-31	3299	1080	2009	74	24	45	-0. 5516

附表 2　ST 鹏博士（600804）相关信息表

日期	帖子数	积极情绪帖子数	消极情绪帖子数	每个帖子平均评论量	积极情绪帖子的平均评论量	消极情绪帖子的平均评论量	投资者情绪指数
2018-09-01	143	53	83	171	63	99	-0. 4207
2018-09-02	1114	372	116	31	10	3	0. 8228
2018-09-03	234	108	120	165	76	85	-0. 1050
2018-09-04	6452	1900	2443	700	206	265	-0. 2462
2018-09-05	3446	1021	1469	144	43	61	-0. 3486
2018-09-06	2446	1122	1253	151	69	78	-0. 1100
2018-09-07	8718	2664	4328	234	72	116	-0. 4505
2018-09-08	8046	3523	868	290	127	31	0. 8855
2018-09-09	8957	362	4513	585	24	295	-0. 9872
2018-09-10	8402	4049	2003	117	56	28	0. 6068
2018-09-11	3642	1675	766	401	184	84	0. 6541
2018-09-12	5434	1719	410	405	128	31	0. 8923
2018-09-13	177	55	36	107	33	22	0. 4001
2018-09-14	7146	1631	4067	116	26	66	-0. 7229
2018-09-15	8738	4777	2205	37	20	9	0. 6487
2018-09-16	4793	1336	1639	475	132	162	-0. 2016
2018-09-17	501	162	199	598	193	238	-0. 2029
2018-09-18	7731	4518	386	51	30	3	0. 9855
2018-09-19	2484	999	1048	183	73	77	-0. 0478
2018-09-20	8851	3746	3636	35	15	14	0. 0298
2018-09-21	3637	2015	1406	76	42	29	0. 3451
2018-09-22	5498	3041	944	99	55	17	0. 8242
2018-09-23	3835	1639	1829	169	72	80	-0. 1092

续表

日期	帖子数	积极情绪帖子数	消极情绪帖子数	每个帖子平均评论量	积极情绪帖子的平均评论量	消极情绪帖子的平均评论量	投资者情绪指数
2018-09-24	3284	464	1537	178	25	83	-0.8330
2018-09-25	6162	371	3535	467	28	268	-0.9782
2018-09-26	3892	860	1531	627	139	247	-0.5203
2018-09-27	5775	3135	2562	116	63	52	0.1991
2018-09-28	7442	3012	3405	17	7	8	-0.1220
2018-09-29	4252	688	2248	50	8	26	-0.8287
2018-09-30	1630	560	747	907	312	416	-0.2804
2018-10-01	6555	3114	974	48	23	7	0.8218
2018-10-02	71	46	15	353	229	75	0.8078
2018-10-03	3519	988	1429	595	167	242	-0.3532
2018-10-04	5186	1619	899	107	33	19	0.5287
2018-10-05	3111	1575	341	52	26	6	0.9104
2018-10-06	2033	96	948	160	8	74	-0.9797
2018-10-07	14	12	-1	20	17	-1	0.9862
2018-10-08	5043	202	915	105	4	19	-0.9071
2018-10-09	8037	2318	4702	52	15	30	-0.6090
2018-10-10	6146	3544	2341	357	206	136	0.3924
2018-10-11	8634	2791	3714	84	27	36	-0.2782
2018-10-12	7687	2955	2984	153	59	60	-0.0098
2018-10-13	4585	727	212	157	25	7	0.8433
2018-10-14	1797	353	878	85	17	42	-0.7217
2018-10-15	3469	1077	1574	182	56	83	-0.3622
2018-10-16	7119	4046	2966	302	171	126	0.3009
2018-10-17	4656	1719	2906	42	15	26	-0.4816
2018-10-18	3199	1052	1850	49	16	28	-0.5113
2018-10-19	2243	744	959	357	118	153	-0.2485
2018-10-20	7125	2604	2110	98	36	29	0.2073
2018-10-21	898	101	421	200	23	94	-0.8912
2018-10-22	831	238	208	385	110	96	0.1339
2018-10-23	9703	5911	3014	341	208	106	0.5873

续表

日期	帖子数	积极情绪帖子数	消极情绪帖子数	每个帖子平均评论量	积极情绪帖子的平均评论量	消极情绪帖子的平均评论量	投资者情绪指数
2018-10-24	2593	252	578	553	54	123	-0. 6806
2018-10-25	11	5	4	99	45	36	0. 2195
2018-10-26	4691	857	2323	112	20	55	-0. 7604
2018-10-27	1773	675	608	109	41	37	0. 1042
2018-10-28	8553	4770	3232	554	309	209	0. 3707
2018-10-29	8883	2440	3539	29	8	11	-0. 3556
2018-10-30	8039	3379	4330	186	78	100	-0. 2430
2018-10-31	6197	582	1653	192	18	51	-0. 7794
2018-11-01	7828	2527	3087	241	78	95	-0. 1975
2018-11-02	8390	3209	3980	41	16	19	-0. 2121
2018-11-03	4843	69	2207	819	12	373	-0. 9980
2018-11-04	6652	662	2256	29	3	10	-0. 8414
2018-11-05	7578	4284	2826	256	145	95	0. 3936
2018-11-06	9519	854	4380	255	23	117	-0. 9268
2018-11-07	9296	1101	3407	74	9	27	-0. 8109
2018-11-08	2236	189	1945	105	9	91	-0. 9813
2018-11-09	5690	2270	1109	39	16	8	0. 6146
2018-11-10	7879	3374	3645	677	290	313	-0. 0771
2018-11-11	9088	3880	4763	118	51	62	-0. 2022
2018-11-12	2389	748	714	374	117	112	0. 0465
2018-11-13	3800	970	584	183	47	28	0. 4679
2018-11-14	6251	4581	686	310	227	34	0. 9561
2018-11-15	889	257	352	157	45	62	-0. 3046
2018-11-16	8244	7432	339	374	337	15	0. 9958
2018-11-17	3827	1760	100	215	99	6	0. 9936
2018-11-18	7186	995	5752	108	15	86	-0. 9419
2018-11-19	4117	1404	1036	43	15	11	0. 2949
2018-11-20	976	269	190	117	32	23	0. 3343
2018-11-21	2975	1077	33	90	33	1	0. 9981
2018-11-22	7260	4706	131	29	19	1	0. 9985

续表

日期	帖子数	积极情绪帖子数	消极情绪帖子数	每个帖子平均评论量	积极情绪帖子的平均评论量	消极情绪帖子的平均评论量	投资者情绪指数
2018-11-23	6231	1332	2378	393	84	150	-0.5224
2018-11-24	53	30	13	43	25	11	0.6838
2018-11-25	8709	6178	2203	173	123	44	0.7744
2018-11-26	6695	1571	1595	0	0	0	-0.0152
2018-11-27	3413	1635	1357	472	226	188	0.1842
2018-11-28	8568	2045	3738	491	117	214	-0.5393
2018-11-29	2100	664	783	404	128	151	-0.1634
2018-11-30	2140	244	1200	385	44	216	-0.9206
2018-12-01	7806	2625	3612	53	18	25	-0.3088
2018-12-02	5515	1189	1967	9	2	3	-0.4648
2018-12-03	1890	1392	139	54	39	4	0.9803
2018-12-04	2391	906	790	782	296	258	0.1362
2018-12-05	8615	2653	867	6	2	1	0.8070
2018-12-06	2025	1	1525	68	0	51	-1.0000
2018-12-07	6772	1866	1642	175	48	43	0.1272
2018-12-08	8245	1003	264	208	25	7	0.8704
2018-12-09	151	41	44	759	206	221	-0.0705
2018-12-10	2002	691	1275	427	147	272	-0.5459
2018-12-11	711	66	91	16	1	2	-0.3106
2018-12-12	4503	1916	1913	341	145	145	0.0016
2018-12-13	5052	1340	2211	435	115	190	-0.4627
2018-12-14	4081	1442	1032	488	172	123	0.3226
2018-12-15	90	6	45	196	13	98	-0.9651
2018-12-16	3892	1767	361	548	249	51	0.9199
2018-12-17	1849	626	543	712	241	209	0.1413
2018-12-18	4889	1177	1511	628	151	194	-0.2447
2018-12-19	4665	1783	881	647	247	122	0.6075
2018-12-20	6763	1713	2544	94	24	36	-0.3761
2018-12-21	8557	4869	2638	95	54	29	0.5461
2018-12-22	5504	2499	376	89	40	6	0.9557

续表

日期	帖子数	积极情绪帖子数	消极情绪帖子数	每个帖子平均评论量	积极情绪帖子的平均评论量	消极情绪帖子的平均评论量	投资者情绪指数
2018-12-23	2663	1452	435	793	432	130	0.8353
2018-12-24	3222	2366	743	1	1	0	0.8205
2018-12-25	5778	1253	4323	125	27	93	-0.8450
2018-12-26	9922	4685	2332	24	11	6	0.6029
2018-12-27	4360	2113	2222	603	292	307	-0.0503
2018-12-28	2955	602	1131	152	31	58	-0.5585
2018-12-29	8831	3859	3133	7	3	3	0.2055
2018-12-30	5687	3633	484	57	36	5	0.9651
2018-12-31	4537	1773	2100	292	114	135	-0.1677
2019-01-01	3022	1403	348	464	215	53	0.8841
2019-01-02	6411	3149	936	678	333	99	0.8376
2019-01-03	8368	1068	4570	489	62	267	-0.8964
2019-01-04	1885	791	216	589	247	68	0.8612
2019-01-05	7010	195	1809	405	11	105	-0.9770
2019-01-06	5905	47	1002	91	1	16	-0.9956
2019-01-07	9452	1492	6776	300	47	215	-0.9075
2019-01-08	2342	794	1045	406	138	181	-0.2680
2019-01-09	5069	2192	1989	36	16	14	0.0969
2019-01-10	3209	536	1218	218	36	83	-0.6755
2019-01-11	9000	2621	5114	81	24	46	-0.5839
2019-01-12	2989	363	1114	84	10	31	-0.8080
2019-01-13	8793	3435	3535	260	102	105	-0.0287
2019-01-14	2122	441	1284	339	71	205	-0.7890
2019-01-15	8627	783	3176	404	37	149	-0.8854
2019-01-16	5855	1371	1746	458	107	137	-0.2372
2019-01-17	8168	1325	1824	574	93	128	-0.3092
2019-01-18	3081	2154	187	33	23	2	0.9850
2019-01-19	7120	2137	3381	118	35	56	-0.4291
2019-01-20	6646	2969	293	316	141	14	0.9807

续表

日期	帖子数	积极情绪帖子数	消极情绪帖子数	每个帖子平均评论量	积极情绪帖子的平均评论量	消极情绪帖子的平均评论量	投资者情绪指数
2019-01-21	7552	4232	2024	249	140	67	0. 6277
2019-01-22	1741	445	736	177	45	75	-0. 4646
2019-01-23	6598	2254	1390	87	30	18	0. 4490
2019-01-24	5616	2335	2240	116	48	46	0. 0415
2019-01-25	5093	1524	1850	138	41	50	-0. 1915
2019-01-26	1121	194	536	68	12	33	-0. 7683
2019-01-27	9379	3873	1913	423	175	86	0. 6078
2019-01-28	9774	4897	3922	25	13	10	0. 2184
2019-01-29	7413	1639	1448	324	72	63	0. 1233
2019-01-30	7014	2789	2635	353	140	132	0. 0567
2019-01-31	8606	862	5114	242	24	144	-0. 9447
2019-02-01	7260	2595	31	204	73	1	0. 9997
2019-02-02	9533	3459	3839	186	68	75	-0. 1039
2019-02-03	7476	2470	4706	236	78	149	-0. 5680
2019-02-04	8778	2489	5032	153	43	88	-0. 6069
2019-02-05	7433	3973	1139	288	154	44	0. 8481
2019-02-06	3066	1295	1366	37	15	16	-0. 0533
2019-02-07	123	40	57	291	95	135	-0. 3401
2019-02-08	2919	384	121	40	5	2	0. 8194
2019-02-09	771	346	268	154	69	53	0. 2500
2019-02-10	8203	2784	3922	564	191	270	-0. 3299
2019-02-11	6955	1665	1668	557	133	134	-0. 0018
2019-02-12	3251	851	992	194	51	59	-0. 1521
2019-02-13	753	92	448	250	30	148	-0. 9191
2019-02-14	7890	42	497	39	0	2	-0. 9858
2019-02-15	605	106	263	391	68	170	-0. 7205
2019-02-16	5471	680	2286	923	115	386	-0. 8374
2019-02-17	4605	1459	1831	576	183	229	-0. 2233

续表

日期	帖子数	积极情绪帖子数	消极情绪帖子数	每个帖子平均评论量	积极情绪帖子的平均评论量	消极情绪帖子的平均评论量	投资者情绪指数
2019-02-18	7979	1953	2237	23	6	6	-0.1349
2019-02-19	8846	5286	1140	194	116	25	0.9111
2019-02-20	94	41	25	132	58	35	0.4579
2019-02-21	749	398	32	179	95	8	0.9872
2019-02-22	4516	2579	386	233	133	20	0.9562
2019-02-23	16	9	4	120	68	30	0.6701
2019-02-24	6839	3476	2899	695	353	295	0.1795
2019-02-25	8350	1651	422	42	8	2	0.8773
2019-02-26	8235	591	6946	189	14	160	-0.9856
2019-02-27	3514	683	1063	175	34	53	-0.4156
2019-02-28	3227	720	1906	67	15	39	-0.7502
2019-03-01	5453	1483	2741	497	135	250	-0.5471
2019-03-02	3959	1115	2042	376	106	194	-0.5407
2019-03-03	124	71	8	82	47	5	0.9749
2019-03-04	8864	869	6544	5	0	3	-0.9653
2019-03-05	9233	373	7223	804	32	629	-0.9947
2019-03-06	7773	5786	1831	441	328	104	0.8179
2019-03-07	122	39	25	287	92	59	0.4175
2019-03-08	5404	1142	1498	312	66	86	-0.2649
2019-03-09	4409	1849	847	9	4	2	0.6531
2019-03-10	3476	1204	1616	410	142	191	-0.2861
2019-03-11	2442	967	713	1	0	0	0.2956
2019-03-12	7247	2417	2772	316	105	121	-0.1362
2019-03-13	8879	7529	675	250	212	19	0.9841
2019-03-14	9811	4192	3467	235	100	83	0.1876
2019-03-15	7680	2588	2563	39	13	13	0.0097
2019-03-16	5992	1786	1901	137	41	44	-0.0623
2019-03-17	5303	1428	2785	215	58	113	-0.5836

续表

日期	帖子数	积极情绪帖子数	消极情绪帖子数	每个帖子平均评论量	积极情绪帖子的平均评论量	消极情绪帖子的平均评论量	投资者情绪指数
2019-03-18	5094	193	874	281	11	48	-0.9070
2019-03-19	459	14	176	46	1	18	-0.9874
2019-03-20	6377	1132	780	236	42	29	0.3561
2019-03-21	3543	1043	703	207	61	41	0.3752
2019-03-22	3633	2475	228	485	331	30	0.9832
2019-03-23	3179	1263	276	315	125	27	0.9088
2019-03-24	502	89	271	373	66	202	-0.8053
2019-03-25	6019	898	2627	130	19	57	-0.7907
2019-03-26	4908	1823	1305	822	305	219	0.3224
2019-03-27	4576	1033	1767	26	6	10	-0.4906
2019-03-28	359	162	176	228	103	112	-0.0827
2019-03-29	8021	3840	3548	675	323	298	0.0789
2019-03-30	4557	2286	378	55	28	5	0.9468
2019-03-31	3569	463	1651	193	25	89	-0.8542
2019-04-01	6462	2154	2245	494	165	172	-0.0414
2019-04-02	3398	2273	323	473	316	45	0.9604
2019-04-03	1205	501	332	63	26	17	0.3897
2019-04-04	902	379	422	54	23	25	-0.1071
2019-04-05	6323	3675	2323	572	332	210	0.4290
2019-04-06	7069	1525	2225	482	104	152	-0.3608
2019-04-07	8050	3360	2316	142	59	41	0.3558
2019-04-08	7955	1442	3184	200	36	80	-0.6596
2019-04-09	411	13	236	377	12	217	-0.9939
2019-04-10	7730	1288	6408	86	14	71	-0.9223
2019-04-11	3027	1930	373	11	7	1	0.9280
2019-04-12	8674	4526	4023	453	236	210	0.1173
2019-04-13	8952	5235	1226	629	368	86	0.8960
2019-04-14	1134	175	432	291	45	111	-0.7181

续表

日期	帖子数	积极情绪帖子数	消极情绪帖子数	每个帖子平均评论量	积极情绪帖子的平均评论量	消极情绪帖子的平均评论量	投资者情绪指数
2019-04-15	456	33	106	53	4	12	-0. 8233
2019-04-16	7405	1494	2674	123	25	44	-0. 5242
2019-04-17	4331	1845	1550	143	61	51	0. 1725
2019-04-18	9506	4111	3434	46	20	17	0. 1780
2019-04-19	552	264	278	149	71	75	-0. 0516
2019-04-20	1046	564	197	79	43	15	0. 7825
2019-04-21	3013	984	1948	11	4	7	-0. 5934
2019-04-22	4353	1573	2656	105	38	64	-0. 4807
2019-04-23	1486	391	643	32	8	14	-0. 4601
2019-04-24	2020	601	729	23	7	8	-0. 1907
2019-04-25	3308	1441	1764	33	14	17	-0. 1995
2019-04-26	9132	3374	4870	18	7	10	-0. 3514
2019-04-27	8012	538	1165	15	1	2	-0. 6484
2019-04-28	3164	423	481	496	66	75	-0. 1278
2019-04-29	3114	292	1914	138	13	85	-0. 9545
2019-04-30	7257	4693	2406	518	335	172	0. 5837
2019-05-01	9632	2885	4515	175	52	82	-0. 4202
2019-05-02	4744	1841	1208	11	4	3	0. 3981
2019-05-03	6416	1041	882	63	10	9	0. 1642
2019-05-04	1104	461	170	59	24	9	0. 7606
2019-05-05	9044	8270	488	107	98	6	0. 9931
2019-05-06	1335	188	484	39	5	14	-0. 7378
2019-05-07	1993	707	319	269	95	43	0. 6617
2019-05-08	963	156	564	28	5	16	-0. 8579
2019-05-09	6080	1702	4321	252	71	179	-0. 7314
2019-05-10	5394	1351	2995	157	39	87	-0. 6619
2019-05-11	6698	3090	465	225	104	16	0. 9557
2019-05-12	6616	1865	246	174	49	6	0. 9658

续表

日期	帖子数	积极情绪帖子数	消极情绪帖子数	每个帖子平均评论量	积极情绪帖子的平均评论量	消极情绪帖子的平均评论量	投资者情绪指数
2019-05-13	7067	1124	2057	153	24	44	-0.5401
2019-05-14	2903	1173	318	616	249	68	0.8631
2019-05-15	3269	1076	2043	280	92	175	-0.5657
2019-05-16	9157	994	3757	145	16	60	-0.8692
2019-05-17	4224	1450	1248	223	77	66	0.1489
2019-05-18	1029	491	277	390	186	105	0.5171
2019-05-19	1614	609	271	60	23	10	0.6694
2019-05-20	9831	4720	3567	407	195	148	0.2730
2019-05-21	2925	1633	185	34	19	2	0.9747
2019-05-22	7764	3527	354	44	20	2	0.9801
2019-05-23	5078	621	1806	41	5	15	-0.7885
2019-05-24	1440	201	672	1	0	1	-0.8358
2019-05-25	7974	4132	2958	641	332	238	0.3223
2019-05-26	4686	1748	818	462	172	81	0.6407
2019-05-27	4932	1241	3017	191	48	117	-0.7106
2019-05-28	60	15	13	374	93	81	0.1421
2019-05-29	7543	2919	2022	5	2	1	0.3515
2019-05-30	6687	250	4065	78	3	47	-0.9925
2019-05-31	2931	104	1440	402	14	198	-0.9896
2019-06-01	7375	5703	861	61	47	7	0.9554
2019-06-02	9254	2951	4103	236	75	105	-0.3181
2019-06-03	6854	2542	1424	170	63	35	0.5223
2019-06-04	9509	342	4395	800	29	370	-0.9880
2019-06-05	9725	1700	4269	20	4	9	-0.7263
2019-06-06	744	220	173	215	64	50	0.2358
2019-06-07	7349	3353	2510	142	65	48	0.2817
2019-06-08	9750	5071	2791	205	107	59	0.5350
2019-06-09	3591	240	1356	268	18	101	-0.9393

续表

日期	帖子数	积极情绪帖子数	消极情绪帖子数	每个帖子平均评论量	积极情绪帖子的平均评论量	消极情绪帖子的平均评论量	投资者情绪指数
2019-06-10	8139	3442	3950	39	17	19	−0. 1368
2019-06-11	2252	1141	403	786	398	141	0. 7782
2019-06-12	2621	1658	67	128	81	3	0. 9967
2019-06-13	9822	3909	4518	434	173	200	−0. 1438
2019-06-14	9426	2530	4440	186	50	88	−0. 5098
2019-06-15	3597	1328	2112	137	51	80	−0. 4333
2019-06-16	6332	2622	1606	891	369	226	0. 4544
2019-06-17	6054	2421	597	102	41	10	0. 8854
2019-06-18	3118	700	1233	46	10	18	−0. 5125
2019-06-19	6301	5083	1055	60	48	10	0. 9174
2019-06-20	743	212	506	256	73	174	−0. 7013
2019-06-21	2666	1307	980	130	63	48	0. 2802
2019-06-22	888	178	188	364	73	77	−0. 0546
2019-06-23	1127	829	67	428	315	25	0. 9870
2019-06-24	3761	2974	14	80	64	0	1. 0000
2019-06-25	8758	4053	279	595	275	19	0. 9906
2019-06-26	8637	2376	1723	177	49	35	0. 3107
2019-06-27	9773	4582	1879	99	46	19	0. 7121
2019-06-28	3075	756	1200	571	140	223	−0. 4317
2019-06-29	6726	220	2243	66	2	22	−0. 9809
2019-06-30	1233	191	419	426	66	145	−0. 6559
2019-07-01	989	515	68	26	14	2	0. 9657
2019-07-02	4808	1832	2016	125	48	52	−0. 0954
2019-07-03	169	28	59	150	25	52	−0. 6324
2019-07-04	917	111	402	301	36	132	−0. 8583
2019-07-05	7884	2976	3939	740	279	370	−0. 2732
2019-07-06	3746	882	927	153	36	38	−0. 0497
2019-07-07	5010	2076	1874	336	139	126	0. 1020

续表

日期	帖子数	积极情绪帖子数	消极情绪帖子数	每个帖子平均评论量	积极情绪帖子的平均评论量	消极情绪帖子的平均评论量	投资者情绪指数
2019-07-08	4980	1456	2322	420	123	196	-0.4356
2019-07-09	2147	823	506	120	46	28	0.4514
2019-07-10	9568	7988	456	736	614	35	0.9935
2019-07-11	5677	2941	2540	465	241	208	0.1455
2019-07-12	4007	1778	1654	222	98	92	0.0722
2019-07-13	5668	3075	663	138	75	16	0.9112
2019-07-14	2376	363	746	53	8	17	-0.6171
2019-07-15	7001	890	5735	207	26	170	-0.9530
2019-07-16	2889	231	1120	717	57	278	-0.9184
2019-07-17	9176	4174	3907	54	25	23	0.0660
2019-07-18	7151	6394	165	722	645	17	0.9987
2019-07-19	8359	1094	4315	159	21	82	-0.8792
2019-07-20	7542	2125	2038	495	140	134	0.0418
2019-07-21	2887	531	1658	190	35	109	-0.8139
2019-07-22	3065	1851	490	535	323	86	0.8690
2019-07-23	7006	3373	3298	51	25	24	0.0225
2019-07-24	206	86	54	422	176	111	0.4344
2019-07-25	9892	5056	1669	55	28	9	0.8035
2019-07-26	8442	651	3230	163	13	62	-0.9219
2019-07-27	585	298	171	275	140	81	0.5046
2019-07-28	5847	248	3031	4	0	2	-0.9867
2019-07-29	4868	1095	2471	152	34	77	-0.6717
2019-07-30	6764	1460	332	52	11	3	0.9017
2019-07-31	5887	3370	451	167	96	13	0.9648
2019-08-01	1439	652	538	152	69	57	0.1899
2019-08-02	9193	272	4021	127	4	56	-0.9909
2019-08-03	6795	482	4054	114	8	68	-0.9721
2019-08-04	925	673	251	56	40	15	0.7558

续表

日期	帖子数	积极情绪帖子数	消极情绪帖子数	每个帖子平均评论量	积极情绪帖子的平均评论量	消极情绪帖子的平均评论量	投资者情绪指数
2019-08-05	4975	1257	3011	6	1	3	-0.7032
2019-08-06	7728	645	2971	179	15	69	-0.9100
2019-08-07	2299	1043	872	36	16	14	0.1772
2019-08-08	787	549	77	226	157	22	0.9614
2019-08-09	8684	3393	1681	119	46	23	0.6058
2019-08-10	165	39	56	716	169	243	-0.3468
2019-08-11	7865	2740	3000	112	39	43	-0.0904
2019-08-12	9241	3470	4008	58	22	25	-0.1431
2019-08-13	7512	3989	1437	309	164	59	0.7703
2019-08-14	7582	3524	1923	35	16	9	0.5411
2019-08-15	7392	4978	662	137	92	12	0.9652
2019-08-16	9085	2077	6225	382	87	262	-0.7997
2019-08-17	9735	1802	4221	2	0	1	-0.6917
2019-08-18	8892	6775	308	344	262	12	0.9959
2019-08-19	4755	1985	1160	372	155	91	0.4909
2019-08-20	2795	700	977	362	91	126	-0.3216
2019-08-21	1596	216	1036	196	27	127	-0.9167
2019-08-22	4394	3839	480	283	247	31	0.9692
2019-08-23	8456	2182	972	30	8	3	0.6688
2019-08-24	1432	160	319	716	80	159	-0.5980
2019-08-25	5234	3689	573	43	30	5	0.9529
2019-08-26	1231	203	454	306	51	113	-0.6668
2019-08-27	8725	2138	5260	815	200	491	-0.7164
2019-08-28	8044	1752	3410	15	3	7	-0.5823
2019-08-29	4104	1502	1366	29	11	10	0.0946
2019-08-30	1895	1374	136	808	586	58	0.9806
2019-08-31	8323	2062	1719	150	37	31	0.1800

附表 3　深振业（000006）相关信息表

日期	帖子数	积极情绪帖子数	消极情绪帖子数	每个帖子平均评论量	积极情绪帖子的平均评论量	消极情绪帖子的平均评论量	投资者情绪指数
2018-09-01	6318	3493	1530	120	66	29	0.6780
2018-09-02	9821	1747	3119	824	147	262	-0.5224
2018-09-03	6144	2018	1363	24	8	5	0.3734
2018-09-04	5215	2115	1102	564	229	119	0.5730
2018-09-05	3814	1431	342	482	181	43	0.8919
2018-09-06	4015	870	872	440	95	96	-0.0023
2018-09-07	4414	690	2976	272	43	184	-0.8980
2018-09-08	4944	1515	834	34	10	6	0.5349
2018-09-09	4874	146	3096	257	8	163	-0.9956
2018-09-10	2495	1062	110	136	58	6	0.9788
2018-09-11	5650	2913	1878	19	10	6	0.4128
2018-09-12	6031	597	3104	748	74	385	-0.9287
2018-09-13	9503	1146	5021	47	6	25	-0.9010
2018-09-14	2444	1178	1057	17	8	7	0.1080
2018-09-15	1185	333	408	231	65	80	-0.2004
2018-09-16	4104	916	1667	21	5	8	-0.5362
2018-09-17	6610	342	4928	694	36	517	-0.9904
2018-09-18	6805	2611	3594	134	51	71	-0.3091
2018-09-19	682	28	477	129	5	90	-0.9931
2018-09-20	1578	260	664	45	7	19	-0.7341
2018-09-21	2321	147	1209	255	16	133	-0.9709
2018-09-22	4099	1680	281	54	22	4	0.9456
2018-09-23	1120	341	391	169	51	59	-0.1360

续表

日期	帖子数	积极情绪帖子数	消极情绪帖子数	每个帖子平均评论量	积极情绪帖子的平均评论量	消极情绪帖子的平均评论量	投资者情绪指数
2018-09-24	8949	2284	3729	267	68	111	-0. 4544
2018-09-25	8170	1937	78	798	189	8	0. 9968
2018-09-26	7348	3432	2930	76	35	30	0. 1568
2018-09-27	2419	968	653	110	44	30	0. 3745
2018-09-28	7583	1890	3556	2	0	1	-0. 5595
2018-09-29	9999	4656	2560	15	7	4	0. 5357
2018-09-30	9153	4374	607	22	11	1	0. 9622
2018-10-01	1403	19	755	139	2	75	-0. 9987
2018-10-02	1287	510	461	92	36	33	0. 1007
2018-10-03	8339	2912	2432	141	49	41	0. 1782
2018-10-04	754	248	38	123	40	6	0. 9541
2018-10-05	3489	1831	1295	22	12	8	0. 3331
2018-10-06	9522	1828	5352	130	25	73	-0. 7911
2018-10-07	6517	552	2829	159	14	69	-0. 9266
2018-10-08	1113	327	365	541	159	177	-0. 1095
2018-10-09	8218	4999	1366	345	210	57	0. 8610
2018-10-10	2594	838	828	119	38	38	0. 0120
2018-10-11	8472	2573	4023	324	98	154	-0. 4194
2018-10-12	6315	2496	1926	391	155	119	0. 2536
2018-10-13	6066	1644	2548	905	245	380	-0. 4121
2018-10-14	2518	906	747	304	109	90	0. 1906
2018-10-15	8363	1919	3040	229	53	83	-0. 4301
2018-10-16	9084	6276	2615	187	129	54	0. 7041
2018-10-17	4418	1729	2437	237	93	131	-0. 3304
2018-10-18	1355	678	425	422	211	132	0. 4358
2018-10-19	4122	1092	1388	170	45	57	-0. 2354
2018-10-20	7304	3329	672	85	39	8	0. 9217
2018-10-21	1871	1068	190	59	34	6	0. 9386
2018-10-22	2160	349	1793	23	4	19	-0. 9270
2018-10-23	2993	1364	1077	83	38	30	0. 2319

续表

日期	帖子数	积极情绪帖子数	消极情绪帖子数	每个帖子平均评论量	积极情绪帖子的平均评论量	消极情绪帖子的平均评论量	投资者情绪指数
2018-10-24	6207	1903	2189	351	108	124	-0. 1391
2018-10-25	6143	2921	749	338	161	41	0. 8766
2018-10-26	2313	7	934	477	1	193	-0. 9999
2018-10-27	217	112	73	22	11	7	0. 4037
2018-10-28	2441	1247	421	552	282	95	0. 7954
2018-10-29	4313	1012	308	0	0	0	0. 0000
2018-10-30	9370	2647	1796	314	89	60	0. 3695
2018-10-31	7906	480	4539	163	10	94	-0. 9779
2018-11-01	4376	2329	1262	28	15	8	0. 5461
2018-11-02	777	51	63	63	4	5	-0. 2082
2018-11-03	5236	2619	1149	291	145	64	0. 6772
2018-11-04	3453	2003	959	357	207	99	0. 6270
2018-11-05	7980	2705	4268	98	33	52	-0. 4269
2018-11-06	7822	3091	1381	305	120	54	0. 6672
2018-11-07	8141	5620	642	438	303	35	0. 9742
2018-11-08	4755	1612	1966	401	136	166	-0. 1960
2018-11-09	2785	1290	484	88	41	15	0. 7532
2018-11-10	2913	1067	453	7	2	1	0. 6946
2018-11-11	7977	4124	2026	116	60	30	0. 6112
2018-11-12	2774	637	1501	502	115	272	-0. 6948
2018-11-13	8051	399	6124	356	18	270	-0. 9915
2018-11-14	7539	3071	3579	395	161	187	-0. 1519
2018-11-15	2453	1172	56	94	45	2	0. 9954
2018-11-16	5075	1761	276	53	18	3	0. 9520
2018-11-17	355	151	73	167	71	34	0. 6211
2018-11-18	4226	1225	1158	436	126	119	0. 0562
2018-11-19	2963	741	1582	15	4	8	-0. 6402
2018-11-20	481	178	69	507	188	73	0. 7387
2018-11-21	4994	2526	2026	46	23	19	0. 2171
2018-11-22	985	454	466	471	217	223	-0. 0261

续表

日期	帖子数	积极情绪帖子数	消极情绪帖子数	每个帖子平均评论量	积极情绪帖子的平均评论量	消极情绪帖子的平均评论量	投资者情绪指数
2018-11-23	49	9	30	362	66	222	-0. 8349
2018-11-24	7434	4286	1833	471	272	116	0. 6908
2018-11-25	5995	1464	1840	80	19	24	-0. 2247
2018-11-26	8114	4604	1638	79	45	16	0. 7753
2018-11-27	7347	3903	1624	614	326	136	0. 7048
2018-11-28	979	294	117	683	205	82	0. 7266
2018-11-29	4702	2181	77	102	47	2	0. 9975
2018-11-30	2010	792	936	4	2	2	-0. 1655
2018-12-01	7968	2927	2863	151	56	54	0. 0221
2018-12-02	3579	650	2634	304	55	223	-0. 8852
2018-12-03	1879	310	1233	688	114	452	-0. 8811
2018-12-04	513	151	219	541	159	231	-0. 3556
2018-12-05	8728	2840	4000	249	81	114	-0. 3297
2018-12-06	4781	1013	1930	100	21	40	-0. 5680
2018-12-07	2862	1890	945	18	12	6	0. 6000
2018-12-08	7626	143	3789	145	3	72	-0. 9972
2018-12-09	5508	1828	346	425	141	27	0. 9308
2018-12-10	6595	2810	3748	52	22	29	-0. 2803
2018-12-11	7817	3046	2473	24	9	8	0. 2054
2018-12-12	3670	1726	597	246	116	40	0. 7863
2018-12-13	7063	3148	3742	14	6	8	-0. 1712
2018-12-14	7161	2867	1195	168	67	28	0. 7040
2018-12-15	6749	2287	2396	182	62	65	-0. 0465
2018-12-16	9449	4718	82	25	12	0	0. 9994
2018-12-17	1682	607	422	589	213	148	0. 3483
2018-12-18	6233	2045	332	471	155	25	0. 9486
2018-12-19	2371	125	793	518	27	173	-0. 9515
2018-12-20	3574	614	1460	220	38	90	-0. 6994
2018-12-21	2228	203	535	18	2	4	-0. 7483
2018-12-22	6249	2436	2728	246	96	107	-0. 1127

续表

日期	帖子数	积极情绪帖子数	消极情绪帖子数	每个帖子平均评论量	积极情绪帖子的平均评论量	消极情绪帖子的平均评论量	投资者情绪指数
2018-12-23	182	74	50	8	3	2	0.3731
2018-12-24	3517	825	1319	735	172	276	-0.4376
2018-12-25	7327	3001	632	365	149	31	0.9151
2018-12-26	7758	5025	206	93	60	2	0.9966
2018-12-27	7177	6234	271	631	548	24	0.9962
2018-12-28	3454	667	2173	9	2	6	-0.8278
2018-12-29	7335	2034	3382	270	75	125	-0.4687
2018-12-30	4796	2648	588	519	286	64	0.9060
2018-12-31	6134	1479	4615	442	107	333	-0.8137
2019-01-01	8793	2565	2493	404	118	115	0.0285
2019-01-02	7268	1473	4087	902	183	507	-0.7701
2019-01-03	5837	788	2973	77	10	39	-0.8687
2019-01-04	8194	3248	2791	371	147	126	0.1505
2019-01-05	1686	84	615	153	8	56	-0.9634
2019-01-06	3928	1200	1533	487	149	190	-0.2401
2019-01-07	7802	2333	3940	154	46	78	-0.4808
2019-01-08	461	193	60	11	5	1	0.8237
2019-01-09	8011	1833	3352	279	64	117	-0.5396
2019-01-10	1819	100	971	487	27	260	-0.9790
2019-01-11	7849	2250	1407	21	6	4	0.4378
2019-01-12	5927	2548	2117	84	36	30	0.1832
2019-01-13	4989	1930	774	147	57	23	0.7229
2019-01-14	6802	3276	2976	165	79	72	0.0957
2019-01-15	9380	3568	3529	809	308	304	0.0110
2019-01-16	9469	4100	3290	10	4	4	0.2166
2019-01-17	7559	1416	3224	764	143	326	-0.6766
2019-01-18	1519	759	671	413	206	182	0.1226
2019-01-19	3811	2715	629	12	8	2	0.8981
2019-01-20	3505	1838	1076	2	1	0	0.4895

续表

日期	帖子数	积极情绪帖子数	消极情绪帖子数	每个帖子平均评论量	积极情绪帖子的平均评论量	消极情绪帖子的平均评论量	投资者情绪指数
2019-01-21	7201	1941	3362	145	39	68	-0.5000
2019-01-22	6563	2532	609	172	66	16	0.8906
2019-01-23	3191	1288	741	222	89	51	0.5026
2019-01-24	6105	2351	2430	1	0	0	-0.0330
2019-01-25	3759	1669	1577	288	128	121	0.0566
2019-01-26	7791	2362	1618	206	62	43	0.3612
2019-01-27	1267	618	388	176	86	54	0.4345
2019-01-28	6799	1680	1294	164	40	31	0.2553
2019-01-29	8742	3158	2909	35	13	12	0.0819
2019-01-30	74	30	21	849	344	241	0.3423
2019-01-31	7287	3514	3372	669	322	309	0.0412
2019-02-01	4838	78	3200	286	5	189	-0.9988
2019-02-02	604	305	13	92	47	2	0.9964
2019-02-03	187	53	129	862	244	595	-0.7112
2019-02-04	7307	4463	1942	118	72	31	0.6816
2019-02-05	5229	481	2077	465	43	185	-0.8982
2019-02-06	380	206	4	35	19	0	0.9992
2019-02-07	6935	2503	1906	623	225	171	0.2659
2019-02-08	134	119	3	193	171	4	0.9987
2019-02-09	8413	2021	3314	89	21	35	-0.4578
2019-02-10	5251	2521	2469	410	197	193	0.0208
2019-02-11	8245	604	6482	107	8	84	-0.9828
2019-02-12	5705	1847	1066	128	41	24	0.5003
2019-02-13	3853	339	1498	7	1	3	-0.9026
2019-02-14	8315	2432	3019	37	11	14	-0.2129
2019-02-15	3661	1360	76	206	77	4	0.9938
2019-02-16	3100	117	2395	92	3	71	-0.9952
2019-02-17	4998	1304	1905	42	11	16	-0.3619

续表

日期	帖子数	积极情绪帖子数	消极情绪帖子数	每个帖子平均评论量	积极情绪帖子的平均评论量	消极情绪帖子的平均评论量	投资者情绪指数
2019-02-18	947	377	172	124	49	22	0.6554
2019-02-19	3441	1454	1521	37	16	16	-0.0450
2019-02-20	7764	3000	2685	284	110	98	0.1105
2019-02-21	5346	2168	1607	259	105	78	0.2908
2019-02-22	7480	912	729	312	38	30	0.2203
2019-02-23	1059	106	684	749	75	484	-0.9531
2019-02-24	9534	3853	3508	149	60	55	0.0935
2019-02-25	6430	4608	1114	167	120	29	0.8896
2019-02-26	131	35	30	144	38	33	0.1529
2019-02-27	4629	1754	62	361	137	5	0.9975
2019-02-28	9212	1898	3765	238	49	97	-0.5947
2019-03-01	3471	450	941	185	24	50	-0.6278
2019-03-02	2527	40	1251	880	14	436	-0.9980
2019-03-03	7086	1011	3989	181	26	102	-0.8793
2019-03-04	1417	25	988	582	10	406	-0.9987
2019-03-05	6082	1449	1258	37	9	8	0.1404
2019-03-06	1317	471	30	668	239	15	0.9919
2019-03-07	25	10	8	525	210	168	0.2195
2019-03-08	7227	2421	1779	586	196	144	0.2987
2019-03-09	6444	2293	2157	43	15	14	0.0611
2019-03-10	3544	166	3208	90	4	81	-0.9947
2019-03-11	3273	752	1870	31	7	18	-0.7216
2019-03-12	4838	615	2119	9	1	4	-0.8446
2019-03-13	6753	4444	1208	263	173	47	0.8624
2019-03-14	55	14	3	18	5	1	0.9122
2019-03-15	9016	2460	3408	726	198	275	-0.3149
2019-03-16	1672	439	433	317	83	82	0.0138
2019-03-17	7425	3019	1634	38	15	8	0.5469

续表

日期	帖子数	积极情绪帖子数	消极情绪帖子数	每个帖子平均评论量	积极情绪帖子的平均评论量	消极情绪帖子的平均评论量	投资者情绪指数
2019-03-18	5315	2299	2231	401	174	168	0.0300
2019-03-19	5197	1187	1622	254	58	79	-0.3025
2019-03-20	837	682	4	96	78	0	0.9999
2019-03-21	5853	562	3859	151	15	100	-0.9585
2019-03-22	7503	2684	2235	307	110	91	0.1810
2019-03-23	6348	2440	2184	365	140	126	0.1104
2019-03-24	3600	1106	1241	55	17	19	-0.1147
2019-03-25	4008	2319	1530	592	343	226	0.3934
2019-03-26	4718	4249	468	35	32	4	0.9760
2019-03-27	6760	1542	3819	381	87	215	-0.7196
2019-03-28	7635	4020	192	85	45	2	0.9954
2019-03-29	9082	4407	1302	4	2	1	0.8394
2019-03-30	2844	8	1559	45	0	25	-0.9999
2019-03-31	3429	898	267	569	149	44	0.8376
2019-04-01	1325	206	816	1	0	1	-0.8802
2019-04-02	3183	1332	476	38	16	6	0.7735
2019-04-03	5468	1538	2390	521	147	228	-0.4143
2019-04-04	170	19	140	18	2	15	-0.9638
2019-04-05	7270	1288	4721	98	17	64	-0.8614
2019-04-06	5149	1783	1687	228	79	75	0.0553
2019-04-07	1290	531	339	18	8	5	0.4209
2019-04-08	8018	3874	1632	47	23	10	0.6986
2019-04-09	9168	6372	496	418	290	23	0.9880
2019-04-10	643	85	109	385	51	65	-0.2437
2019-04-11	9389	2327	3081	25	6	8	-0.2735
2019-04-12	4402	713	2328	270	44	143	-0.8285
2019-04-13	797	310	253	127	50	40	0.2004
2019-04-14	8493	4466	1767	660	347	137	0.7293

续表

日期	帖子数	积极情绪帖子数	消极情绪帖子数	每个帖子平均评论量	积极情绪帖子的平均评论量	消极情绪帖子的平均评论量	投资者情绪指数
2019-04-15	6908	2875	664	435	181	42	0.8987
2019-04-16	6086	4306	578	256	181	24	0.9646
2019-04-17	8616	1811	5270	246	52	150	-0.7888
2019-04-18	3989	390	1458	209	20	76	-0.8665
2019-04-19	2986	651	996	27	6	9	-0.4013
2019-04-20	9045	2786	2482	483	149	132	0.1150
2019-04-21	8547	3176	2376	96	36	27	0.2823
2019-04-22	3781	1801	445	28	13	3	0.8849
2019-04-23	5632	2069	3426	133	49	81	-0.4655
2019-04-24	5268	4431	593	13	11	1	0.9648
2019-04-25	8363	5368	2045	61	39	15	0.7465
2019-04-26	2809	423	1307	5	1	2	-0.8104
2019-04-27	9527	4031	1782	111	47	21	0.6730
2019-04-28	2759	739	966	365	98	128	-0.2616
2019-04-29	2602	189	1044	357	26	143	-0.9365
2019-04-30	8336	2470	2277	397	118	108	0.0812
2019-05-01	1136	368	74	68	22	4	0.9223
2019-05-02	4786	2093	1416	545	238	161	0.3720
2019-05-03	8874	4992	2056	285	160	66	0.7099
2019-05-04	3809	685	1517	747	134	298	-0.6613
2019-05-05	4977	3374	1055	126	85	27	0.8219
2019-05-06	5583	2029	1829	331	120	108	0.1034
2019-05-07	5089	2993	1106	381	224	83	0.7597
2019-05-08	5547	932	2724	122	20	60	-0.7904
2019-05-09	8413	3924	670	349	163	28	0.9433
2019-05-10	7018	2074	737	132	39	14	0.7758
2019-05-11	9855	5618	1009	438	250	45	0.9375
2019-05-12	8982	2835	2316	14	5	4	0.1995

续表

日期	帖子数	积极情绪帖子数	消极情绪帖子数	每个帖子平均评论量	积极情绪帖子的平均评论量	消极情绪帖子的平均评论量	投资者情绪指数
2019-05-13	4287	735	1018	558	96	133	-0. 3147
2019-05-14	4503	275	1671	400	24	149	-0. 9473
2019-05-15	2144	325	1161	154	23	83	-0. 8547
2019-05-16	7622	6873	0	23	21	0	1. 0000
2019-05-17	7540	4512	227	46	27	1	0. 9950
2019-05-18	2564	344	1792	682	91	476	-0. 9289
2019-05-19	2527	720	115	186	53	8	0. 9502
2019-05-20	1631	1015	75	110	68	5	0. 9891
2019-05-21	4291	776	825	86	16	16	-0. 0612
2019-05-22	2105	940	1059	594	265	299	-0. 1186
2019-05-23	2761	1398	477	74	37	13	0. 7914
2019-05-24	723	478	162	167	110	37	0. 7939
2019-05-25	6283	1570	1311	182	45	38	0. 1784
2019-05-26	8988	4721	4211	233	122	109	0. 1138
2019-05-27	634	190	135	140	42	30	0. 3290
2019-05-28	3527	1640	130	329	153	12	0. 9875
2019-05-29	6120	3044	2139	129	64	45	0. 3389
2019-05-30	8531	2614	2887	555	170	188	-0. 0990
2019-05-31	3319	454	850	91	12	23	-0. 5561
2019-06-01	8517	4178	1730	32	16	7	0. 7073
2019-06-02	9314	2896	2851	215	67	66	0. 0157
2019-06-03	8594	2759	2712	231	74	73	0. 0172
2019-06-04	1591	651	550	449	184	155	0. 1670
2019-06-05	2731	1859	620	23	16	5	0. 7998
2019-06-06	83	32	33	23	9	9	-0. 0308
2019-06-07	8275	4142	682	120	60	10	0. 9472
2019-06-08	4735	1575	1241	15	5	4	0. 2339
2019-06-09	7233	5319	962	264	194	35	0. 9367

续表

日期	帖子数	积极情绪帖子数	消极情绪帖子数	每个帖子平均评论量	积极情绪帖子的平均评论量	消极情绪帖子的平均评论量	投资者情绪指数
2019-06-10	3123	927	1733	35	10	19	-0.5551
2019-06-11	9348	3474	4642	73	27	36	-0.2820
2019-06-12	8442	497	4224	49	3	24	-0.9727
2019-06-13	5945	731	3950	53	7	35	-0.9338
2019-06-14	1635	418	585	3	1	1	-0.3240
2019-06-15	3819	2070	1721	80	43	36	0.1826
2019-06-16	5587	2798	1869	399	200	133	0.3829
2019-06-17	5968	3559	381	23	14	1	0.9773
2019-06-18	3060	911	1176	17	5	7	-0.2499
2019-06-19	4133	1628	933	6	2	1	0.5055
2019-06-20	7424	6216	112	152	128	2	0.9994
2019-06-21	7938	2375	2439	667	199	205	-0.0266
2019-06-22	8994	4787	1829	7	4	2	0.7452
2019-06-23	1741	732	124	429	180	31	0.9442
2019-06-24	1276	493	651	65	25	33	-0.2711
2019-06-25	2458	1534	296	66	41	8	0.9282
2019-06-26	9282	2245	3231	64	16	22	-0.3488
2019-06-27	5609	1827	1110	153	50	30	0.4608
2019-06-28	6239	897	1770	299	43	85	-0.5913
2019-06-29	1736	681	760	300	118	132	-0.1093
2019-06-30	9300	2381	6618	60	15	43	-0.7708
2019-07-01	6448	260	2203	639	26	218	-0.9725
2019-07-02	7133	1697	309	441	105	19	0.9358
2019-07-03	556	47	243	241	20	105	-0.9279
2019-07-04	613	220	151	444	159	109	0.3595
2019-07-05	4407	811	711	25	5	4	0.1308
2019-07-06	7720	1860	5233	90	22	61	-0.7757
2019-07-07	3968	2082	526	19	10	3	0.8800

续表

日期	帖子数	积极情绪帖子数	消极情绪帖子数	每个帖子平均评论量	积极情绪帖子的平均评论量	消极情绪帖子的平均评论量	投资者情绪指数
2019-07-08	8085	4235	1696	38	20	8	0. 7236
2019-07-09	5513	1037	1054	654	123	125	-0. 0163
2019-07-10	4884	1263	1618	28	7	9	-0. 2428
2019-07-11	323	61	186	63	12	36	-0. 8058
2019-07-12	512	134	195	328	86	125	-0. 3585
2019-07-13	7269	2619	455	175	63	11	0. 9414
2019-07-14	5127	1681	2273	105	35	47	-0. 2929
2019-07-15	832	399	429	14	7	7	-0. 0724
2019-07-16	5196	330	2389	151	10	69	-0. 9626
2019-07-17	4850	2910	411	505	303	43	0. 9609
2019-07-18	1369	580	322	89	38	21	0. 5288
2019-07-19	1134	553	422	750	366	279	0. 2640
2019-07-20	1280	162	603	284	36	134	-0. 8654
2019-07-21	175	130	1	224	166	1	0. 9999
2019-07-22	8639	1301	4810	28	4	16	-0. 8637
2019-07-23	9202	2895	3281	83	26	30	-0. 1245
2019-07-24	1660	701	593	293	124	105	0. 1658
2019-07-25	9062	4892	1422	150	81	24	0. 8442
2019-07-26	7327	2100	2497	79	23	27	-0. 1714
2019-07-27	2303	1366	615	536	318	143	0. 6629
2019-07-28	8378	3704	2417	149	66	43	0. 4027
2019-07-29	9599	4226	3405	663	292	235	0. 2127
2019-07-30	2448	603	792	23	6	7	-0. 2661
2019-07-31	1662	801	745	172	83	77	0. 0724
2019-08-01	9807	2941	3605	91	27	33	-0. 2008
2019-08-02	9938	3421	1710	64	22	11	0. 6002
2019-08-03	4240	1378	1984	557	181	261	-0. 3492
2019-08-04	2986	735	1024	306	75	105	-0. 3200

续表

日期	帖子数	积极情绪帖子数	消极情绪帖子数	每个帖子平均评论量	积极情绪帖子的平均评论量	消极情绪帖子的平均评论量	投资者情绪指数
2019-08-05	7854	2207	486	33	9	2	0.9075
2019-08-06	1478	656	431	640	284	187	0.3970
2019-08-07	2530	612	245	420	102	41	0.7237
2019-08-08	308	63	161	142	29	74	-0.7344
2019-08-09	3195	1171	1058	226	83	75	0.1011
2019-08-10	9733	5042	3015	98	51	30	0.4732
2019-08-11	3923	644	2322	84	14	50	-0.8571
2019-08-12	452	79	238	205	36	108	-0.8015
2019-08-13	8280	1269	2133	5	1	1	-0.4772
2019-08-14	4913	765	1217	666	104	165	-0.4336
2019-08-15	9145	2493	154	94	26	2	0.9924
2019-08-16	1455	518	401	43	15	12	0.2506
2019-08-17	6303	2009	2932	472	151	220	-0.3610
2019-08-18	1584	749	348	205	97	45	0.6449
2019-08-19	6728	1063	4233	331	52	208	-0.8814
2019-08-20	1541	799	296	118	61	23	0.7586
2019-08-21	9996	6515	3020	96	63	29	0.6463
2019-08-22	996	408	406	104	43	42	0.0049
2019-08-23	3840	1989	1720	109	57	49	0.1443
2019-08-24	6338	1926	1618	144	44	37	0.1725
2019-08-25	6324	3044	2777	283	136	124	0.0915
2019-08-26	8679	4040	2322	624	291	167	0.5034
2019-08-27	839	354	442	34	14	18	-0.2184
2019-08-28	1014	406	447	224	90	99	-0.0959
2019-08-29	9511	3421	1086	8	3	1	0.8169
2019-08-30	1362	618	228	286	130	48	0.7604
2019-08-31	8944	2625	6148	266	78	183	-0.6916

附表 4　士兰微（600460）相关信息表

日期	帖子数	积极情绪帖子数	消极情绪帖子数	每个帖子平均评论量	积极情绪帖子的平均评论量	消极情绪帖子的平均评论量	投资者情绪指数
2018-09-01	8528	7446	709	99	86	8	0. 9820
2018-09-02	5861	3545	1847	792	479	249	0. 5730
2018-09-03	1647	1006	475	30	18	9	0. 6354
2018-09-04	5995	2464	3126	1	0	0	-0. 2336
2018-09-05	4932	1075	2361	275	60	132	-0. 6566
2018-09-06	2777	473	514	69	12	13	-0. 0829
2018-09-07	7650	3787	1094	1	1	0	0. 8459
2018-09-08	2766	1686	723	160	98	42	0. 6893
2018-09-09	560	212	251	207	78	93	-0. 1673
2018-09-10	5676	1238	2110	582	127	216	-0. 4878
2018-09-11	831	298	293	29	10	10	0. 0169
2018-09-12	8908	3641	4126	509	208	236	-0. 1244
2018-09-13	887	149	255	422	71	121	-0. 4910
2018-09-14	6335	2972	2080	319	149	105	0. 3425
2018-09-15	8292	3061	2925	453	167	160	0. 0454
2018-09-16	8276	3204	3943	760	294	362	-0. 2046
2018-09-17	9016	6036	2577	70	47	20	0. 6917
2018-09-18	1447	613	513	47	20	17	0. 1762
2018-09-19	515	235	127	179	82	44	0. 5479
2018-09-20	526	33	71	165	10	22	-0. 6447
2018-09-21	6509	4999	331	100	77	5	0. 9913
2018-09-22	9458	112	6866	336	4	244	-0. 9995
2018-09-23	2143	1406	8	444	291	2	0. 9999

续表

日期	帖子数	积极情绪帖子数	消极情绪帖子数	每个帖子平均评论量	积极情绪帖子的平均评论量	消极情绪帖子的平均评论量	投资者情绪指数
2018-09-24	6401	800	2958	135	17	62	-0.8637
2018-09-25	2334	955	435	36	15	7	0.6563
2018-09-26	9078	3686	3689	153	62	62	-0.0008
2018-09-27	3047	869	1056	402	115	139	-0.1925
2018-09-28	9120	4898	1480	297	159	48	0.8327
2018-09-29	240	98	95	345	141	137	0.0311
2018-09-30	2998	2385	321	494	393	53	0.9644
2018-10-01	9869	2553	4140	862	223	362	-0.4490
2018-10-02	176	84	47	568	271	152	0.5232
2018-10-03	8687	2432	5420	231	65	144	-0.6648
2018-10-04	7647	1021	4111	76	10	41	-0.8838
2018-10-05	5907	2042	2267	33	11	13	-0.1041
2018-10-06	6278	3022	3156	122	59	61	-0.0434
2018-10-07	1684	480	923	240	68	131	-0.5743
2018-10-08	3487	235	3133	65	4	59	-0.9888
2018-10-09	5441	4243	45	26	20	0	0.9998
2018-10-10	3853	741	1042	429	83	116	-0.3283
2018-10-11	8547	4894	113	605	346	8	0.9989
2018-10-12	4566	94	2349	270	6	139	-0.9968
2018-10-13	1926	741	794	355	137	146	-0.0690
2018-10-14	1092	473	160	4	2	1	0.7946
2018-10-15	4180	1315	285	25	8	2	0.9103
2018-10-16	6326	109	3605	90	2	51	-0.9982
2018-10-17	4410	1541	1516	331	116	114	0.0164
2018-10-18	8772	478	4021	96	5	44	-0.9721
2018-10-19	5549	1763	3403	287	91	176	-0.5768
2018-10-20	3205	453	465	642	91	93	-0.0261
2018-10-21	9261	3847	4048	41	17	18	-0.0509
2018-10-22	8288	3336	2593	705	284	220	0.2468
2018-10-23	6394	840	3027	96	13	45	-0.8570

续表

日期	帖子数	积极情绪帖子数	消极情绪帖子数	每个帖子平均评论量	积极情绪帖子的平均评论量	消极情绪帖子的平均评论量	投资者情绪指数
2018-10-24	8114	3341	2712	355	146	119	0. 2056
2018-10-25	8799	4022	3658	213	97	88	0. 0946
2018-10-26	8134	3937	3666	351	170	158	0. 0712
2018-10-27	2538	1477	942	37	21	14	0. 4217
2018-10-28	3428	688	432	672	135	85	0. 4344
2018-10-29	4540	2521	851	141	78	26	0. 7954
2018-10-30	7971	3724	3238	33	15	13	0. 1389
2018-10-31	7398	3678	2792	626	311	236	0. 2688
2018-11-01	7391	1826	4389	471	116	280	−0. 7049
2018-11-02	2514	652	939	330	86	123	−0. 3494
2018-11-03	7076	2561	2748	117	42	46	−0. 0704
2018-11-04	4174	247	872	718	42	150	−0. 8514
2018-11-05	7857	2764	2980	292	103	111	−0. 0751
2018-11-06	1393	386	388	657	182	183	−0. 0052
2018-11-07	9383	3272	1430	63	22	10	0. 6793
2018-11-08	7027	2879	1130	201	82	32	0. 7330
2018-11-09	6026	3019	2904	122	61	59	0. 0388
2018-11-10	7871	1131	6623	424	61	357	−0. 9433
2018-11-11	4561	602	2884	526	69	332	−0. 9165
2018-11-12	364	84	215	207	48	122	−0. 7351
2018-11-13	4250	2136	1082	233	117	59	0. 5916
2018-11-14	6694	2233	1063	283	94	45	0. 6305
2018-11-15	314	91	42	133	39	18	0. 6488
2018-11-16	3815	560	1294	348	51	118	−0. 6845
2018-11-17	1923	1050	296	181	99	28	0. 8528
2018-11-18	3739	979	1081	12	3	3	−0. 0988
2018-11-19	9268	4245	2246	396	182	96	0. 5626
2018-11-20	6301	2509	2494	83	33	33	0. 0060
2018-11-21	5149	1261	2117	789	193	325	−0. 4762
2018-11-22	9581	7302	622	198	151	13	0. 9856

续表

日期	帖子数	积极情绪帖子数	消极情绪帖子数	每个帖子平均评论量	积极情绪帖子的平均评论量	消极情绪帖子的平均评论量	投资者情绪指数
2018-11-23	762	364	183	29	14	7	0.5965
2018-11-24	3201	2067	484	54	35	8	0.8960
2018-11-25	8889	1511	636	118	20	8	0.6990
2018-11-26	1479	244	911	29	5	18	-0.8661
2018-11-27	6195	1755	3287	92	26	49	-0.5563
2018-11-28	7109	2410	3171	417	141	186	-0.2677
2018-11-29	9790	3021	3574	264	81	96	-0.1665
2018-11-30	5987	1739	2797	629	183	294	-0.4424
2018-12-01	2582	784	657	343	104	87	0.1749
2018-12-02	2362	537	502	504	115	107	0.0673
2018-12-03	7809	4309	1628	634	350	132	0.7502
2018-12-04	2108	1488	583	158	111	44	0.7338
2018-12-05	9865	3659	2489	206	77	52	0.3673
2018-12-06	3091	1240	1089	139	56	49	0.1291
2018-12-07	497	88	123	302	53	75	-0.3229
2018-12-08	6047	2107	1180	652	227	127	0.5225
2018-12-09	3507	1627	350	53	24	5	0.9115
2018-12-10	7286	4083	1528	55	31	11	0.7543
2018-12-11	4959	740	1127	180	27	41	-0.3975
2018-12-12	3598	1373	1218	210	80	71	0.1192
2018-12-13	7584	748	352	249	25	12	0.6374
2018-12-14	7935	4684	1627	405	239	83	0.7847
2018-12-15	8475	2464	2995	356	103	126	-0.1927
2018-12-16	8417	990	6963	1	0	1	-0.9604
2018-12-17	4820	992	2541	74	15	39	-0.7355
2018-12-18	1633	625	755	199	76	92	-0.1867
2018-12-19	4058	1451	1155	609	218	173	0.2243
2018-12-20	6811	1663	202	341	83	10	0.9709
2018-12-21	1431	528	414	308	114	89	0.2385
2018-12-22	5148	3867	1216	70	53	17	0.8200

续表

日期	帖子数	积极情绪帖子数	消极情绪帖子数	每个帖子平均评论量	积极情绪帖子的平均评论量	消极情绪帖子的平均评论量	投资者情绪指数
2018-12-23	757	177	291	114	27	44	-0.4599
2018-12-24	9973	3704	5847	258	96	151	-0.4272
2018-12-25	783	176	4	509	114	3	0.9990
2018-12-26	5540	2326	1680	527	221	160	0.3143
2018-12-27	2412	985	535	33	13	7	0.5444
2018-12-28	1291	104	536	471	38	196	-0.9274
2018-12-29	2061	1131	33	0	0	0	0.9983
2018-12-30	5909	438	2595	327	24	144	-0.9446
2018-12-31	4776	1261	3151	346	91	228	-0.7239
2019-01-01	3760	166	2248	102	4	61	-0.9892
2019-01-02	1055	101	283	36	3	10	-0.7740
2019-01-03	8416	2835	2156	217	73	56	0.2671
2019-01-04	7519	2082	2622	85	24	30	-0.2266
2019-01-05	143	66	72	206	95	104	-0.0868
2019-01-06	9908	5554	2068	51	28	11	0.7565
2019-01-07	5681	1829	2431	174	56	74	-0.2771
2019-01-08	3537	1607	920	385	175	100	0.5063
2019-01-09	5551	548	1034	120	12	22	-0.5614
2019-01-10	524	163	221	721	224	304	-0.2953
2019-01-11	8288	2295	1807	62	17	13	0.2346
2019-01-12	832	38	398	105	5	50	-0.9819
2019-01-13	7779	5043	1857	421	273	100	0.7612
2019-01-14	462	69	327	2	0	1	-0.9147
2019-01-15	2528	1144	966	877	397	335	0.1675
2019-01-16	6910	1470	2007	83	18	24	-0.3017
2019-01-17	9101	817	5562	295	26	180	-0.9578
2019-01-18	516	71	222	160	22	69	-0.8144
2019-01-19	8440	5052	1732	298	178	61	0.7897
2019-01-20	6640	2631	2918	111	44	49	-0.1032

续表

日期	帖子数	积极情绪帖子数	消极情绪帖子数	每个帖子平均评论量	积极情绪帖子的平均评论量	消极情绪帖子的平均评论量	投资者情绪指数
2019-01-21	5357	2845	2410	424	225	191	0. 1644
2019-01-22	6162	3691	1307	3	2	1	0. 7772
2019-01-23	5709	1222	2021	42	9	15	-0. 4646
2019-01-24	7855	317	5318	185	7	125	-0. 9929
2019-01-25	3803	2191	763	114	66	23	0. 7837
2019-01-26	1109	158	493	225	32	100	-0. 8137
2019-01-27	6090	2332	216	27	10	1	0. 9830
2019-01-28	1005	513	422	273	139	114	0. 1928
2019-01-29	8990	4387	3553	416	203	164	0. 2078
2019-01-30	9416	3000	3702	77	25	30	-0. 2072
2019-01-31	9132	4690	3041	492	252	164	0. 4080
2019-02-01	6070	3560	972	410	241	66	0. 8612
2019-02-02	4999	419	1935	334	28	129	-0. 9104
2019-02-03	560	133	250	117	28	52	-0. 5588
2019-02-04	8749	3143	3641	35	13	15	-0. 1460
2019-02-05	957	455	120	67	32	8	0. 8699
2019-02-06	5470	1286	1402	230	54	59	-0. 0861
2019-02-07	6552	2624	2715	530	212	220	-0. 0341
2019-02-08	1211	183	483	17	3	7	-0. 7489
2019-02-09	5510	1165	1620	5	1	2	-0. 3183
2019-02-10	6023	1457	1926	118	29	38	-0. 2720
2019-02-11	6840	5590	173	374	306	9	0. 9981
2019-02-12	8341	2445	4153	107	31	53	-0. 4852
2019-02-13	2819	1392	1413	333	164	167	-0. 0150
2019-02-14	8097	3605	3057	727	324	274	0. 1634
2019-02-15	8510	589	5951	197	14	138	-0. 9806
2019-02-16	2739	1076	500	886	348	162	0. 6448
2019-02-17	1079	326	378	523	158	183	-0. 1469

续表

日期	帖子数	积极情绪帖子数	消极情绪帖子数	每个帖子平均评论量	积极情绪帖子的平均评论量	消极情绪帖子的平均评论量	投资者情绪指数
2019-02-18	5485	467	3178	819	70	474	-0. 9577
2019-02-19	48	13	19	106	29	42	-0. 3623
2019-02-20	4944	2079	937	253	106	48	0. 6623
2019-02-21	8488	1474	1819	261	45	56	-0. 2073
2019-02-22	8582	3730	2593	696	303	210	0. 3484
2019-02-23	905	493	297	576	314	189	0. 4674
2019-02-24	7525	2338	2312	33	10	10	0. 0112
2019-02-25	1888	514	621	230	63	76	-0. 1869
2019-02-26	9346	4465	4421	138	66	65	0. 0099
2019-02-27	9663	3666	5684	9	3	5	-0. 4124
2019-02-28	4692	2109	2179	85	38	39	-0. 0326
2019-03-01	3251	348	2727	84	9	70	-0. 9680
2019-03-02	9172	1884	3094	89	18	30	-0. 4590
2019-03-03	3047	605	1038	133	27	45	-0. 4929
2019-03-04	1471	649	675	834	368	382	-0. 0393
2019-03-05	6411	2733	734	82	35	9	0. 8654
2019-03-06	5228	2584	716	332	164	45	0. 8574
2019-03-07	4831	1816	1473	1	0	0	0. 2063
2019-03-08	5092	3786	422	31	23	3	0. 9755
2019-03-09	7072	2848	304	398	160	17	0. 9775
2019-03-10	5294	1626	2237	148	45	63	-0. 3086
2019-03-11	9961	3610	1665	666	241	111	0. 6492
2019-03-12	6263	4688	302	112	84	5	0. 9917
2019-03-13	1844	807	864	128	56	60	-0. 0681
2019-03-14	9642	3097	376	162	52	6	0. 9709
2019-03-15	8361	4106	4154	107	52	53	-0. 0116
2019-03-16	5098	1951	2622	128	49	66	-0. 2873
2019-03-17	8764	4361	1864	849	423	181	0. 6911

续表

日期	帖子数	积极情绪帖子数	消极情绪帖子数	每个帖子平均评论量	积极情绪帖子的平均评论量	消极情绪帖子的平均评论量	投资者情绪指数
2019-03-18	8045	2433	2059	14	4	4	0.1654
2019-03-19	6901	50	3051	88	1	39	-0.9995
2019-03-20	8588	2951	4149	290	100	140	-0.3281
2019-03-21	4554	350	2443	25	2	13	-0.9598
2019-03-22	6357	4643	60	337	246	3	0.9997
2019-03-23	9562	1670	4824	665	116	335	-0.7860
2019-03-24	8204	3917	871	22	11	2	0.9058
2019-03-25	2598	812	327	125	39	16	0.7209
2019-03-26	4522	1996	1086	15	7	4	0.5432
2019-03-27	5215	1010	2740	288	56	151	-0.7608
2019-03-28	1977	1087	67	21	12	1	0.9924
2019-03-29	1596	192	485	381	46	116	-0.7290
2019-03-30	1118	180	45	5	1	0	0.8824
2019-03-31	6993	1991	2908	80	23	33	-0.3617
2019-04-01	3305	1376	1411	201	84	86	-0.0251
2019-04-02	511	131	198	213	55	83	-0.3911
2019-04-03	9795	4036	1095	206	85	23	0.8629
2019-04-04	8622	1444	4144	16	3	7	-0.7835
2019-04-05	6002	651	4167	206	22	143	-0.9523
2019-04-06	2748	204	663	6	0	2	-0.8270
2019-04-07	2516	642	1045	550	140	228	-0.4520
2019-04-08	2015	577	992	735	211	362	-0.4944
2019-04-09	8314	792	3265	469	45	184	-0.8889
2019-04-10	1978	670	479	8	3	2	0.3235
2019-04-11	8898	292	4923	223	7	123	-0.9930
2019-04-12	8525	4850	2668	500	285	157	0.5354
2019-04-13	3671	601	1203	2	0	1	-0.6005
2019-04-14	6287	2242	3207	0	0	0	0.0000

续表

日期	帖子数	积极情绪帖子数	消极情绪帖子数	每个帖子平均评论量	积极情绪帖子的平均评论量	消极情绪帖子的平均评论量	投资者情绪指数
2019-04-15	1660	56	1043	164	6	103	−0. 9943
2019-04-16	9541	1367	4420	381	55	176	−0. 8254
2019-04-17	5042	1767	2459	524	184	255	−0. 3189
2019-04-18	6477	3444	1444	35	19	8	0. 7010
2019-04-19	6315	1880	626	404	120	40	0. 8004
2019-04-20	2646	686	456	73	19	13	0. 3871
2019-04-21	9646	1972	7032	161	33	117	−0. 8542
2019-04-22	1114	503	130	298	135	35	0. 8748
2019-04-23	4617	360	1797	531	41	207	−0. 9228
2019-04-24	2296	1027	464	65	29	13	0. 6610
2019-04-25	2704	1880	536	78	54	15	0. 8496
2019-04-26	5758	2234	3033	36	14	19	−0. 2966
2019-04-27	3292	969	1145	46	14	16	−0. 1654
2019-04-28	8168	1668	3244	15	3	6	−0. 5818
2019-04-29	7755	2349	3398	134	41	59	−0. 3533
2019-04-30	9062	3048	3699	20	7	8	−0. 1912
2019-05-01	5124	53	2664	138	1	72	−0. 9992
2019-05-02	463	25	186	118	6	47	−0. 9645
2019-05-03	9322	3580	4106	681	262	300	−0. 1362
2019-05-04	1031	262	680	59	15	39	−0. 7415
2019-05-05	7901	4259	2373	97	52	29	0. 5262
2019-05-06	5042	1071	1591	132	28	42	−0. 3763
2019-05-07	4906	1865	2024	638	243	263	−0. 0816
2019-05-08	1565	574	129	322	118	27	0. 9038
2019-05-09	3906	713	2026	23	4	12	−0. 7796
2019-05-10	9443	2371	1286	503	126	69	0. 5454
2019-05-11	1842	16	687	46	0	17	−0. 9989
2019-05-12	7218	3763	1397	528	275	102	0. 7577

续表

日期	帖子数	积极情绪帖子数	消极情绪帖子数	每个帖子平均评论量	积极情绪帖子的平均评论量	消极情绪帖子的平均评论量	投资者情绪指数
2019-05-13	7567	28	5979	69	0	55	-1.0000
2019-05-14	4294	1446	1094	316	106	80	0.2719
2019-05-15	9104	3327	3293	207	76	75	0.0103
2019-05-16	4906	2979	872	283	172	50	0.8422
2019-05-17	9410	2507	1139	23	6	3	0.6578
2019-05-18	3710	2098	181	386	218	19	0.9852
2019-05-19	514	166	55	143	46	15	0.8022
2019-05-20	2316	677	961	416	122	173	-0.3366
2019-05-21	1551	357	569	198	46	73	-0.4351
2019-05-22	198	1	182	519	3	477	-0.9999
2019-05-23	8335	3427	1745	151	62	32	0.5882
2019-05-24	3516	920	544	606	159	94	0.4819
2019-05-25	637	124	220	337	66	116	-0.5178
2019-05-26	8909	2195	2251	123	30	31	-0.0252
2019-05-27	6929	512	2820	247	18	100	-0.9362
2019-05-28	3733	1388	1482	13	5	5	-0.0654
2019-05-29	17	16	0	195	184	0	1.0000
2019-05-30	3769	1718	952	293	134	74	0.5301
2019-05-31	3248	688	491	259	55	39	0.3251
2019-06-01	4884	1726	1823	299	106	112	-0.0546
2019-06-02	1734	426	742	119	29	51	-0.5042
2019-06-03	781	348	58	500	223	37	0.9459
2019-06-04	1565	956	526	154	94	52	0.5352
2019-06-05	7758	725	521	755	71	51	0.3189
2019-06-06	6087	1670	3675	491	135	296	-0.6577
2019-06-07	9687	1835	4272	46	9	20	-0.6885
2019-06-08	1673	854	230	529	270	73	0.8647
2019-06-09	7489	2782	4306	49	18	28	-0.4110

续表

日期	帖子数	积极情绪帖子数	消极情绪帖子数	每个帖子平均评论量	积极情绪帖子的平均评论量	消极情绪帖子的平均评论量	投资者情绪指数
2019-06-10	2041	1697	111	285	237	16	0. 9915
2019-06-11	5937	3401	623	104	60	11	0. 9351
2019-06-12	560	149	374	3	1	2	−0. 7260
2019-06-13	8265	1193	2677	221	32	72	−0. 6686
2019-06-14	6985	1567	2210	123	28	39	−0. 3309
2019-06-15	8536	2768	2748	456	148	147	0. 0073
2019-06-16	1942	784	662	253	102	86	0. 1675
2019-06-17	714	174	369	547	133	282	−0. 6362
2019-06-18	6206	1252	2313	72	15	27	−0. 5468
2019-06-19	9370	1876	5694	503	101	306	−0. 8042
2019-06-20	301	55	45	456	83	68	0. 1980
2019-06-21	9244	4565	4074	57	28	25	0. 1133
2019-06-22	9692	2179	3785	80	18	31	−0. 5022
2019-06-23	3432	175	1580	598	31	275	−0. 9758
2019-06-24	5617	1559	3665	49	14	32	−0. 6936
2019-06-25	5636	1405	1388	519	129	128	0. 0122
2019-06-26	3205	198	1767	465	29	256	−0. 9752
2019-06-27	9228	4145	385	883	397	37	0. 9829
2019-06-28	1986	1200	684	214	129	74	0. 5095
2019-06-29	6670	4109	2239	11	7	4	0. 5421
2019-06-30	1405	602	90	351	150	22	0. 9563
2019-07-01	7382	1457	2470	48	9	16	−0. 4837
2019-07-02	7660	5573	568	90	65	7	0. 9794
2019-07-03	4056	1665	1778	206	85	90	−0. 0656
2019-07-04	7898	2462	2764	197	62	69	−0. 1152
2019-07-05	1616	703	908	284	123	159	−0. 2504
2019-07-06	181	31	54	153	26	46	−0. 5043
2019-07-07	5496	2964	2172	163	88	64	0. 3012

续表

日期	帖子数	积极情绪帖子数	消极情绪帖子数	每个帖子平均评论量	积极情绪帖子的平均评论量	消极情绪帖子的平均评论量	投资者情绪指数
2019-07-08	8004	1710	1078	2	0	0	0. 4312
2019-07-09	1648	340	820	151	31	75	-0. 7066
2019-07-10	3796	2065	652	549	299	94	0. 8187
2019-07-11	1726	255	1047	130	19	79	-0. 8880
2019-07-12	5823	1220	2431	163	34	68	-0. 5976
2019-07-13	8316	1688	3928	10	2	5	-0. 6882
2019-07-14	3481	1603	273	374	172	29	0. 9436
2019-07-15	9589	5624	2292	48	28	11	0. 7151
2019-07-16	7843	1987	2392	64	16	20	-0. 1834
2019-07-17	8024	3441	169	375	161	8	0. 9952
2019-07-18	2157	1022	982	5	3	2	0. 0399
2019-07-19	4387	1677	684	74	28	12	0. 7147
2019-07-20	2918	2661	41	688	627	10	0. 9995
2019-07-21	475	145	22	11	3	0	0. 9550
2019-07-22	8584	10	5096	17	0	10	-1. 0000
2019-07-23	5825	2178	1839	77	29	24	0. 1676
2019-07-24	5734	2407	772	76	32	10	0. 8135
2019-07-25	6657	3253	1628	8	4	2	0. 5994
2019-07-26	2554	939	593	57	21	13	0. 4298
2019-07-27	8998	5958	2110	3	2	1	0. 7771
2019-07-28	1638	621	788	216	82	104	-0. 2338
2019-07-29	1563	456	548	51	15	18	-0. 1817
2019-07-30	3719	1600	553	381	164	57	0. 7866
2019-07-31	1965	1202	482	7	4	2	0. 7230
2019-08-01	2947	1316	938	70	31	22	0. 3262
2019-08-02	5698	1048	2346	195	36	80	-0. 6673
2019-08-03	6339	2301	3033	131	47	62	-0. 2694
2019-08-04	6982	4298	812	148	91	17	0. 9311

续表

日期	帖子数	积极情绪帖子数	消极情绪帖子数	每个帖子平均评论量	积极情绪帖子的平均评论量	消极情绪帖子的平均评论量	投资者情绪指数
2019-08-05	8866	4609	4064	524	273	240	0.1252
2019-08-06	7898	2288	2517	91	26	29	-0.0951
2019-08-07	3671	799	2151	148	32	87	-0.7575
2019-08-08	9209	209	4310	704	16	329	-0.9953
2019-08-09	5417	1820	1467	595	200	161	0.2123
2019-08-10	2322	889	1248	49	19	26	-0.3268
2019-08-11	5182	1194	1347	5	1	1	-0.1200
2019-08-12	2006	575	619	673	193	208	-0.0736
2019-08-13	6792	2544	2046	80	30	24	0.2145
2019-08-14	3687	1819	1300	81	40	28	0.3238
2019-08-15	6480	2172	2186	155	52	52	-0.0064
2019-08-16	3481	1470	1674	96	40	46	-0.1292
2019-08-17	1634	658	376	267	108	62	0.5077
2019-08-18	8729	1743	3308	374	75	142	-0.5654
2019-08-19	2185	1982	69	81	74	3	0.9976
2019-08-20	3849	228	1604	236	14	98	-0.9604
2019-08-21	2413	784	447	302	98	56	0.5093
2019-08-22	3495	3	2161	136	0	84	-1.0000
2019-08-23	8518	2778	3089	215	70	78	-0.1057
2019-08-24	7408	5048	672	5	3	0	0.9652
2019-08-25	8899	4332	3604	423	206	171	0.1819
2019-08-26	117	58	48	36	18	15	0.1870
2019-08-27	4380	1870	1202	315	134	86	0.4153
2019-08-28	2550	900	1187	42	15	20	-0.2699
2019-08-29	67	6	41	104	9	64	-0.9581
2019-08-30	1661	134	394	152	12	36	-0.7926
2019-08-31	9701	4620	4443	242	115	111	0.0390

附表5　天津港（600717）相关信息表

日期	帖子数	积极情绪帖子数	消极情绪帖子数	每个帖子平均评论量	积极情绪帖子的平均评论量	消极情绪帖子的平均评论量	投资者情绪指数
2018-09-01	353	88	161	65	16	30	-0.5399
2018-09-02	148	54	69	20	7	10	-0.2403
2018-09-03	5039	4397	110	236	206	5	0.9987
2018-09-04	8488	5329	2508	5	3	1	0.6373
2018-09-05	5469	1127	2015	0	0	0	-0.5234
2018-09-06	8386	2007	1309	92	22	14	0.4031
2018-09-07	5541	2417	991	86	38	15	0.7122
2018-09-08	6038	2339	1347	28	11	6	0.5019
2018-09-09	3579	387	807	205	22	46	-0.6261
2018-09-10	6841	1811	1511	13	3	3	0.1792
2018-09-11	2173	940	115	204	88	11	0.9705
2018-09-12	7880	3399	2560	191	82	62	0.2761
2018-09-13	8837	5399	3418	286	175	111	0.4278
2018-09-14	4540	1913	1501	370	156	122	0.2379
2018-09-15	3632	1209	845	135	45	31	0.3436
2018-09-16	4934	910	2201	355	65	158	-0.7080
2018-09-17	8946	2378	425	785	209	37	0.9381
2018-09-18	2779	1811	765	51	33	14	0.6972
2018-09-19	2680	828	240	140	43	13	0.8450
2018-09-20	7336	1691	3275	0	0	0	-0.5790
2018-09-21	2557	966	436	53	20	9	0.6615
2018-09-22	5791	438	1780	261	20	80	-0.8858
2018-09-23	9601	2796	2576	203	59	55	0.0818

续表

日期	帖子数	积极情绪帖子数	消极情绪帖子数	每个帖子平均评论量	积极情绪帖子的平均评论量	消极情绪帖子的平均评论量	投资者情绪指数
2018-09-24	1706	408	877	106	25	54	-0.6442
2018-09-25	466	109	307	106	25	70	-0.7761
2018-09-26	3317	1325	1067	170	68	55	0.2132
2018-09-27	5596	2775	951	453	225	77	0.7898
2018-09-28	8010	2110	3702	102	27	47	-0.5096
2018-09-29	9861	3261	2891	50	16	15	0.1199
2018-09-30	9352	4012	1027	638	274	70	0.8770
2018-10-01	9344	5857	2988	306	192	98	0.5870
2018-10-02	4767	2193	1146	709	326	170	0.5710
2018-10-03	4927	1839	1784	426	159	154	0.0304
2018-10-04	4615	2433	1035	34	18	8	0.6935
2018-10-05	527	261	99	97	48	18	0.7484
2018-10-06	9493	88	3407	471	4	169	-0.9987
2018-10-07	999	293	371	89	26	33	-0.2317
2018-10-08	9575	1219	1645	402	51	69	-0.2910
2018-10-09	6577	1103	738	560	94	63	0.3815
2018-10-10	5236	182	2387	243	8	111	-0.9884
2018-10-11	9641	3178	4874	118	39	60	-0.4034
2018-10-12	5027	1527	3304	143	44	94	-0.6480
2018-10-13	7552	2846	1024	128	48	17	0.7708
2018-10-14	6543	1757	3758	200	54	115	-0.6412
2018-10-15	5495	1	1875	37	0	13	-1.0000
2018-10-16	8095	4277	1770	167	88	37	0.7076
2018-10-17	7664	2711	2493	907	321	295	0.0836
2018-10-18	5113	2114	2983	473	196	276	-0.3314
2018-10-19	2266	519	644	11	3	3	-0.2125
2018-10-20	667	117	240	779	137	280	-0.6160
2018-10-21	9305	4149	3010	92	41	30	0.3103
2018-10-22	7251	2914	1721	189	76	45	0.4828
2018-10-23	1892	891	449	172	81	41	0.5950

续表

日期	帖子数	积极情绪帖子数	消极情绪帖子数	每个帖子平均评论量	积极情绪帖子的平均评论量	消极情绪帖子的平均评论量	投资者情绪指数
2018-10-24	835	112	713	55	7	47	-0.9518
2018-10-25	8211	4464	1974	69	37	16	0.6729
2018-10-26	1009	19	384	97	2	37	-0.9951
2018-10-27	740	176	256	680	162	235	-0.3581
2018-10-28	7300	3034	1799	36	15	9	0.4797
2018-10-29	7630	1968	3758	55	14	27	-0.5696
2018-10-30	7611	2952	1594	249	97	52	0.5485
2018-10-31	1542	434	685	860	242	382	-0.4271
2018-11-01	5674	3684	578	6	4	1	0.9520
2018-11-02	5037	2065	838	160	66	27	0.7172
2018-11-03	2256	321	1884	27	4	23	-0.9436
2018-11-04	8022	97	2049	477	6	122	-0.9955
2018-11-05	3669	1443	825	165	65	37	0.5073
2018-11-06	1870	1292	142	313	216	24	0.9761
2018-11-07	9110	4216	2576	22	10	6	0.4563
2018-11-08	3231	1088	1088	568	191	191	0.0000
2018-11-09	971	110	508	26	3	14	-0.9104
2018-11-10	8151	4963	2868	33	20	12	0.4993
2018-11-11	6493	2885	1783	734	326	202	0.4472
2018-11-12	2181	868	464	186	74	40	0.5555
2018-11-13	8328	263	5123	557	18	343	-0.9947
2018-11-14	9166	3056	2970	206	69	67	0.0285
2018-11-15	1794	661	250	204	75	28	0.7497
2018-11-16	4284	122	1944	371	11	168	-0.9922
2018-11-17	8705	2868	2139	130	43	32	0.2851
2018-11-18	9686	3771	2842	1	0	0	0.2755
2018-11-19	8481	3815	3345	128	58	50	0.1307
2018-11-20	1748	590	180	84	28	9	0.8297
2018-11-21	1111	646	180	110	64	18	0.8559
2018-11-22	2291	803	811	9	3	3	-0.0099

续表

日期	帖子数	积极情绪帖子数	消极情绪帖子数	每个帖子平均评论量	积极情绪帖子的平均评论量	消极情绪帖子的平均评论量	投资者情绪指数
2018-11-23	8483	1830	3346	203	44	80	-0. 5395
2018-11-24	2147	407	1320	235	44	144	-0. 8264
2018-11-25	4696	1751	554	249	93	29	0. 8180
2018-11-26	5353	761	2897	41	6	22	-0. 8709
2018-11-27	6741	2806	2503	57	24	21	0. 1138
2018-11-28	8814	558	4881	509	32	282	-0. 9742
2018-11-29	2480	151	2138	21	1	18	-0. 9901
2018-11-30	6422	617	47	46	4	0	0. 9885
2018-12-01	7802	2182	1834	76	21	18	0. 1720
2018-12-02	3061	1082	1382	359	127	162	-0. 2399
2018-12-03	4685	1999	801	184	78	31	0. 7233
2018-12-04	8905	3130	4109	6	2	3	-0. 2656
2018-12-05	4712	2637	1738	324	181	120	0. 3943
2018-12-06	937	347	504	104	39	56	-0. 3568
2018-12-07	8625	4218	279	165	81	5	0. 9913
2018-12-08	5183	1800	819	317	110	50	0. 6570
2018-12-09	558	308	73	285	157	37	0. 8936
2018-12-10	3051	478	993	54	9	18	-0. 6238
2018-12-11	7553	3524	304	549	256	22	0. 9852
2018-12-12	585	262	81	42	19	6	0. 8255
2018-12-13	5638	1916	2249	327	111	131	-0. 1589
2018-12-14	4658	1321	2581	30	9	17	-0. 5848
2018-12-15	3948	356	2437	281	25	174	-0. 9582
2018-12-16	1788	716	65	154	62	6	0. 9837
2018-12-17	9430	894	4580	43	4	21	-0. 9266
2018-12-18	9226	764	5270	756	63	432	-0. 9588
2018-12-19	5047	2485	2064	788	388	322	0. 1835
2018-12-20	9926	2134	1582	91	20	15	0. 2907
2018-12-21	514	245	101	117	56	23	0. 7095
2018-12-22	9301	6442	1527	429	297	70	0. 8936

续表

日期	帖子数	积极情绪帖子数	消极情绪帖子数	每个帖子平均评论量	积极情绪帖子的平均评论量	消极情绪帖子的平均评论量	投资者情绪指数
2018-12-23	1140	13	1045	3	0	2	-0.9997
2018-12-24	3465	947	1260	198	54	72	-0.2781
2018-12-25	7532	1325	2527	471	83	158	-0.5687
2018-12-26	6192	3045	2782	272	134	122	0.0901
2018-12-27	6001	1784	360	163	48	10	0.9217
2018-12-28	8438	3301	2888	57	22	19	0.1329
2018-12-29	8252	4348	1081	63	33	8	0.8836
2018-12-30	228	101	65	77	34	22	0.4143
2018-12-31	6893	2135	4501	64	20	42	-0.6327
2019-01-01	231	127	89	24	13	9	0.3413
2019-01-02	1580	622	370	453	178	106	0.4773
2019-01-03	5301	94	3231	323	6	197	-0.9983
2019-01-04	7238	2447	1208	778	263	130	0.6081
2019-01-05	8650	454	2805	775	41	251	-0.9489
2019-01-06	3019	487	1794	66	11	39	-0.8627
2019-01-07	7276	1568	4147	300	65	171	-0.7498
2019-01-08	1391	250	450	174	31	56	-0.5283
2019-01-09	3783	1395	1043	58	21	16	0.2829
2019-01-10	626	37	249	154	9	61	-0.9568
2019-01-11	1805	669	335	146	54	27	0.5990
2019-01-12	4543	660	3159	93	14	65	-0.9164
2019-01-13	7133	2583	1115	779	282	122	0.6859
2019-01-14	372	73	131	149	29	52	-0.5261
2019-01-15	2853	2005	634	624	438	139	0.8182
2019-01-16	531	87	336	2	0	1	-0.8743
2019-01-17	4110	244	1672	39	2	16	-0.9583
2019-01-18	4863	772	3677	391	62	295	-0.9156
2019-01-19	2995	102	2733	131	4	119	-0.9972
2019-01-20	6980	2156	1863	71	22	19	0.1450

续表

日期	帖子数	积极情绪帖子数	消极情绪帖子数	每个帖子平均评论量	积极情绪帖子的平均评论量	消极情绪帖子的平均评论量	投资者情绪指数
2019-01-21	9332	2083	2050	112	25	25	0.0160
2019-01-22	5504	86	3421	205	3	128	-0.9987
2019-01-23	6880	3847	1178	446	250	76	0.8285
2019-01-24	8756	75	5359	48	0	29	-0.9996
2019-01-25	5151	419	1956	17	1	6	-0.9123
2019-01-26	8083	3620	284	231	103	8	0.9878
2019-01-27	5229	2842	1171	168	91	38	0.7097
2019-01-28	5459	3357	1805	508	313	168	0.5515
2019-01-29	382	334	34	47	41	4	0.9795
2019-01-30	1401	405	466	90	26	30	-0.1394
2019-01-31	9561	2869	2945	653	196	201	-0.0261
2019-02-01	6896	5643	347	107	88	5	0.9925
2019-02-02	2694	857	1214	71	23	32	-0.3348
2019-02-03	1444	174	415	153	18	44	-0.7010
2019-02-04	2876	1249	1625	189	82	107	-0.2573
2019-02-05	4953	1650	1039	453	151	95	0.4321
2019-02-06	9571	482	8458	285	14	252	-0.9935
2019-02-07	7805	1241	1347	227	36	39	-0.0818
2019-02-08	3076	1959	544	531	338	94	0.8568
2019-02-09	5364	1989	1994	287	106	107	-0.0025
2019-02-10	8905	4254	767	39	19	3	0.9370
2019-02-11	3989	901	1150	1	0	0	-0.2393
2019-02-12	2826	746	1288	447	118	204	-0.4976
2019-02-13	3671	2010	228	333	182	21	0.9746
2019-02-14	5382	1594	3764	23	7	16	-0.6959
2019-02-15	153	86	43	151	85	42	0.6000
2019-02-16	9905	2270	2730	671	154	185	-0.1825
2019-02-17	6258	739	2156	138	16	48	-0.7897

续表

日期	帖子数	积极情绪帖子数	消极情绪帖子数	每个帖子平均评论量	积极情绪帖子的平均评论量	消极情绪帖子的平均评论量	投资者情绪指数
2019-02-18	4727	1712	1509	86	31	27	0.1255
2019-02-19	5232	1465	2818	60	17	32	-0.5745
2019-02-20	2700	2067	4	14	11	0	1.0000
2019-02-21	2654	717	755	204	55	58	-0.0516
2019-02-22	2933	1803	960	16	10	5	0.5582
2019-02-23	4207	2666	560	91	58	12	0.9155
2019-02-24	8186	3353	2268	6	2	2	0.3722
2019-02-25	3454	571	1825	72	12	38	-0.8217
2019-02-26	5835	1419	3954	679	165	460	-0.7718
2019-02-27	9868	8801	614	345	308	21	0.9903
2019-02-28	5919	2494	2103	14	6	5	0.1689
2019-03-01	578	304	156	70	37	19	0.5831
2019-03-02	5749	996	3008	370	64	194	-0.8024
2019-03-03	9088	1669	4711	2	0	1	-0.7770
2019-03-04	9201	3769	4606	83	34	42	-0.1979
2019-03-05	3420	1425	1119	207	86	68	0.2371
2019-03-06	9751	5476	2860	4	2	1	0.5714
2019-03-07	3846	625	1137	385	63	114	-0.5359
2019-03-08	5213	1519	2452	27	8	12	-0.4453
2019-03-09	8090	4195	735	40	21	4	0.9404
2019-03-10	4072	1974	1134	523	253	146	0.5037
2019-03-11	5394	913	3141	81	14	47	-0.8442
2019-03-12	8980	4115	3637	931	427	377	0.1229
2019-03-13	4531	1947	1566	94	40	32	0.2144
2019-03-14	7466	1254	1090	269	45	39	0.1393
2019-03-15	188	107	58	229	131	71	0.5458
2019-03-16	6966	937	2598	296	40	110	-0.7698
2019-03-17	9230	4240	1557	197	91	33	0.7624

续表

日期	帖子数	积极情绪帖子数	消极情绪帖子数	每个帖子平均评论量	积极情绪帖子的平均评论量	消极情绪帖子的平均评论量	投资者情绪指数
2019-03-18	824	66	552	101	8	67	-0.9718
2019-03-19	7290	3334	1174	259	118	42	0.7794
2019-03-20	6090	3017	360	73	36	4	0.9719
2019-03-21	7900	3502	1514	38	17	7	0.6851
2019-03-22	684	158	213	95	22	30	-0.2901
2019-03-23	8813	2218	3906	190	48	84	-0.5123
2019-03-24	729	263	258	529	191	187	0.0192
2019-03-25	2471	381	1384	244	38	137	-0.8591
2019-03-26	2763	598	808	292	63	85	-0.2922
2019-03-27	5443	3301	1276	217	132	51	0.7400
2019-03-28	3877	453	1323	378	44	129	-0.7901
2019-03-29	5971	4169	1498	24	17	6	0.7713
2019-03-30	127	10	76	171	13	102	-0.9660
2019-03-31	1098	489	533	103	46	50	-0.0859
2019-04-01	8090	3240	4201	74	30	38	-0.2541
2019-04-02	3906	1468	1982	29	11	15	-0.2915
2019-04-03	6319	4307	504	87	59	7	0.9730
2019-04-04	6725	2621	2963	330	129	145	-0.1220
2019-04-05	5520	549	1736	93	9	29	-0.8182
2019-04-06	357	66	145	155	29	63	-0.6568
2019-04-07	2621	1015	908	45	17	16	0.1109
2019-04-08	4424	1174	1832	20	5	8	-0.4178
2019-04-09	3499	1124	2343	78	25	52	-0.6258
2019-04-10	7549	655	1601	626	54	133	-0.7132
2019-04-11	6925	1609	5028	811	188	589	-0.8142
2019-04-12	9694	1859	6080	85	16	53	-0.8290
2019-04-13	8737	6060	1129	25	17	3	0.9329
2019-04-14	6640	1937	3369	661	193	335	-0.5031

续表

日期	帖子数	积极情绪帖子数	消极情绪帖子数	每个帖子平均评论量	积极情绪帖子的平均评论量	消极情绪帖子的平均评论量	投资者情绪指数
2019-04-15	9758	6329	1803	472	306	87	0. 8499
2019-04-16	1563	661	742	63	27	30	-0. 1151
2019-04-17	4229	1948	570	589	271	79	0. 8423
2019-04-18	6536	2642	1247	161	65	31	0. 6356
2019-04-19	3464	864	1856	357	89	191	-0. 6438
2019-04-20	5900	2176	509	519	191	45	0. 8962
2019-04-21	7733	3817	2632	75	37	25	0. 3555
2019-04-22	7509	1803	2297	192	46	59	-0. 2375
2019-04-23	7697	2307	2598	51	15	17	-0. 1182
2019-04-24	6123	2792	153	89	40	2	0. 9940
2019-04-25	2494	236	1195	710	67	340	-0. 9249
2019-04-26	8356	4047	2575	235	114	72	0. 4236
2019-04-27	988	632	224	1	1	0	0. 7768
2019-04-28	2656	1315	336	176	87	22	0. 8774
2019-04-29	9816	1405	3613	211	30	77	-0. 7373
2019-04-30	2777	744	664	605	162	145	0. 1133
2019-05-01	9583	4898	4290	36	18	16	0. 1318
2019-05-02	1826	900	746	75	37	31	0. 1855
2019-05-03	5682	577	3264	474	48	272	-0. 9394
2019-05-04	6359	1099	3453	103	18	56	-0. 8160
2019-05-05	5072	283	2697	104	6	55	-0. 9782
2019-05-06	4476	916	1864	241	49	100	-0. 6110
2019-05-07	4155	1787	1354	101	43	33	0. 2706
2019-05-08	5823	2123	1318	69	25	16	0. 4436
2019-05-09	2557	1270	785	6	3	2	0. 4471
2019-05-10	4203	1861	1432	181	80	62	0. 2562
2019-05-11	4747	2614	1888	365	201	145	0. 3143
2019-05-12	373	168	181	227	102	110	-0. 0744

续表

日期	帖子数	积极情绪帖子数	消极情绪帖子数	每个帖子平均评论量	积极情绪帖子的平均评论量	消极情绪帖子的平均评论量	投资者情绪指数
2019-05-13	8118	3626	1669	417	186	86	0. 6504
2019-05-14	7125	214	5383	79	2	59	-0. 9968
2019-05-15	7854	2489	107	630	200	9	0. 9963
2019-05-16	6335	2370	2257	330	123	118	0. 0488
2019-05-17	2425	1075	194	3	1	0	0. 9369
2019-05-18	8309	4585	1737	237	131	49	0. 7490
2019-05-19	5899	4187	621	14	10	1	0. 9570
2019-05-20	7464	2560	3147	242	83	102	-0. 2036
2019-05-21	9288	6188	114	286	191	4	0. 9993
2019-05-22	4769	1334	2895	89	25	54	-0. 6497
2019-05-23	8021	2395	5180	21	6	14	-0. 6478
2019-05-24	4658	2533	1285	575	313	159	0. 5906
2019-05-25	3065	340	2021	355	39	234	-0. 9450
2019-05-26	4797	2167	15	371	168	1	0. 9999
2019-05-27	1134	900	96	53	42	5	0. 9775
2019-05-28	6361	1463	1403	143	33	32	0. 0419
2019-05-29	1515	486	259	102	33	17	0. 5576
2019-05-30	2794	809	1173	2	1	1	-0. 3553
2019-05-31	7060	669	1285	326	31	59	-0. 5735
2019-06-01	6275	2800	855	47	21	6	0. 8294
2019-06-02	1473	408	496	739	205	249	-0. 1929
2019-06-03	1687	93	1297	125	7	96	-0. 9898
2019-06-04	1931	472	430	170	41	38	0. 0929
2019-06-05	1236	550	417	50	22	17	0. 2700
2019-06-06	4189	1586	879	114	43	24	0. 5300
2019-06-07	7273	4575	1899	53	33	14	0. 7061
2019-06-08	9046	2211	3432	268	65	102	-0. 4134
2019-06-09	8127	3379	1332	123	51	20	0. 7310

续表

日期	帖子数	积极情绪帖子数	消极情绪帖子数	每个帖子平均评论量	积极情绪帖子的平均评论量	消极情绪帖子的平均评论量	投资者情绪指数
2019-06-10	5419	905	3196	0	0	0	NaN
2019-06-11	9302	3190	3124	54	18	18	0. 0209
2019-06-12	8882	1674	3981	511	96	229	-0. 6995
2019-06-13	9511	4350	1721	249	114	45	0. 7293
2019-06-14	3352	873	825	2	0	0	0. 0565
2019-06-15	4779	361	3707	310	23	241	-0. 9812
2019-06-16	5055	4009	447	188	149	17	0. 9754
2019-06-17	7765	1585	5882	240	49	182	-0. 8646
2019-06-18	9486	1857	101	57	11	1	0. 9941
2019-06-19	1790	534	621	66	20	23	-0. 1498
2019-06-20	876	211	392	196	47	88	-0. 5507
2019-06-21	2995	1015	1135	181	61	69	-0. 1113
2019-06-22	2894	59	1249	32	1	14	-0. 9955
2019-06-23	3503	1138	2266	555	180	359	-0. 5972
2019-06-24	607	174	144	172	49	41	0. 1870
2019-06-25	7126	880	2275	597	74	191	-0. 7397
2019-06-26	9193	4405	1590	646	310	112	0. 7695
2019-06-27	9688	4703	1108	456	221	52	0. 8948
2019-06-28	6287	2850	362	26	12	1	0. 9682
2019-06-29	7145	1942	2663	492	134	183	-0. 3056
2019-06-30	4764	1489	1062	310	97	69	0. 3256
2019-07-01	1909	365	1127	159	30	94	-0. 8101
2019-07-02	2880	1190	1088	2	1	1	0. 0894
2019-07-03	5141	654	1388	368	47	99	-0. 6366
2019-07-04	5687	1536	1150	482	130	98	0. 2816
2019-07-05	9646	2541	4371	179	47	81	-0. 4948
2019-07-06	2249	1000	131	96	43	6	0. 9663
2019-07-07	4398	325	2072	148	11	70	-0. 9520

续表

日期	帖子数	积极情绪帖子数	消极情绪帖子数	每个帖子平均评论量	积极情绪帖子的平均评论量	消极情绪帖子的平均评论量	投资者情绪指数
2019-07-08	6057	1593	2294	32	8	12	-0. 3493
2019-07-09	8768	2446	824	583	163	55	0. 7962
2019-07-10	7060	2300	4346	190	62	117	-0. 5624
2019-07-11	4744	1652	1901	311	108	124	-0. 1395
2019-07-12	4250	1978	1746	114	53	47	0. 1241
2019-07-13	2538	28	1256	107	1	53	-0. 9990
2019-07-14	5650	1097	2221	414	80	163	-0. 6078
2019-07-15	3303	1393	1706	125	53	64	-0. 2000
2019-07-16	4693	644	1712	200	27	73	-0. 7521
2019-07-17	1748	570	463	115	37	30	0. 2050
2019-07-18	1065	432	455	276	112	118	-0. 0518
2019-07-19	7285	3441	1008	95	45	13	0. 8419
2019-07-20	8642	4252	3480	72	35	29	0. 1977
2019-07-21	7803	4767	1102	621	379	88	0. 8985
2019-07-22	5212	1889	562	17	6	2	0. 8374
2019-07-23	3645	379	694	339	35	65	-0. 5406
2019-07-24	7805	2104	1937	42	11	10	0. 0825
2019-07-25	808	58	377	105	8	49	-0. 9538
2019-07-26	6998	404	3350	199	11	95	-0. 9713
2019-07-27	789	297	270	479	180	164	0. 0950
2019-07-28	6149	1944	1719	690	218	193	0. 1224
2019-07-29	384	161	157	533	223	218	0. 0252
2019-07-30	2644	915	102	258	89	10	0. 9755
2019-07-31	5466	3371	1570	151	93	43	0. 6435
2019-08-01	2563	760	768	4	1	1	-0. 0105
2019-08-02	5781	1337	2660	198	46	91	-0. 5966
2019-08-03	9181	1040	3342	173	20	63	-0. 8234
2019-08-04	2148	1072	122	163	81	9	0. 9744

续表

日期	帖子数	积极情绪帖子数	消极情绪帖子数	每个帖子平均评论量	积极情绪帖子的平均评论量	消极情绪帖子的平均评论量	投资者情绪指数
2019-08-05	9605	4935	2867	339	174	101	0.4953
2019-08-06	9882	1007	5133	83	8	43	-0.9259
2019-08-07	5936	1658	2790	58	16	27	-0.4780
2019-08-08	8649	3494	3393	30	12	12	0.0293
2019-08-09	7352	1657	2783	446	101	169	-0.4766
2019-08-10	5893	2021	850	547	187	79	0.6994
2019-08-11	9897	1831	387	3	1	0	0.9145
2019-08-12	2350	1325	1	49	28	0	1.0000
2019-08-13	2751	1204	391	167	73	24	0.8092
2019-08-14	8542	2954	2799	210	73	69	0.0538
2019-08-15	7392	1310	3515	9	2	4	-0.7561
2019-08-16	3817	1590	879	66	27	15	0.5318
2019-08-17	2659	962	958	94	34	34	0.0042
2019-08-18	6260	646	4250	97	10	66	-0.9548
2019-08-19	4783	1079	1217	187	42	48	-0.1198
2019-08-20	8211	2362	2381	160	46	46	-0.0080
2019-08-21	7512	2914	1696	125	49	28	0.4939
2019-08-22	672	280	290	683	285	295	-0.0351
2019-08-23	7743	3497	932	372	168	45	0.8674
2019-08-24	5146	1571	1630	815	249	258	-0.0369
2019-08-25	4297	484	2628	74	8	45	-0.9344
2019-08-26	4178	1573	1861	387	146	172	-0.1666
2019-08-27	8495	3380	2049	394	157	95	0.4625
2019-08-28	2548	284	1134	571	64	254	-0.8820
2019-08-29	6848	2974	1123	48	21	8	0.7504
2019-08-30	4072	1113	1594	1	0	0	-0.3445
2019-08-31	7040	2921	3781	210	87	113	-0.2525

附表 6　皖江物流（600575）相关信息表

日期	帖子数	积极情绪帖子数	消极情绪帖子数	每个帖子平均评论量	积极情绪帖子的评论量	消极情绪帖子的评论量	投资者情绪指数
2018-09-01	4823	1609	2697	14. 23	4. 75	7. 96	-0. 4750
2018-09-02	5497	573	3106	198. 72	20. 71	112. 28	-0. 9342
2018-09-03	514	227	235	150. 40	66. 42	68. 76	-0. 0346
2018-09-04	4614	881	2081	204. 83	39. 11	92. 38	-0. 6960
2018-09-05	4694	3532	356	178. 66	134. 43	13. 55	0. 9799
2018-09-06	5002	1176	2178	357. 34	84. 01	155. 59	-0. 5485
2018-09-07	3509	496	2353	299. 78	42. 37	201. 02	-0. 9149
2018-09-08	1578	201	323	32. 03	4. 08	6. 56	-0. 4417
2018-09-09	8132	4085	51	175. 87	88. 34	1. 10	0. 9997
2018-09-10	6019	3740	1726	330. 51	205. 37	94. 78	0. 6488
2018-09-11	5193	2704	2120	21. 38	11. 13	8. 73	0. 2386
2018-09-12	7068	3224	2695	284. 73	129. 88	108. 57	0. 1773
2018-09-13	3443	1088	1700	199. 48	63. 03	98. 49	-0. 4188
2018-09-14	6872	5275	487	193. 08	148. 21	13. 68	0. 9831
2018-09-15	7691	3867	3329	8. 69	4. 37	3. 76	0. 1487
2018-09-16	1259	434	259	487. 43	168. 03	100. 27	0. 4748
2018-09-17	1130	143	692	103. 90	13. 15	63. 63	-0. 9181
2018-09-18	1257	724	401	395. 49	227. 79	126. 17	0. 5305
2018-09-19	3442	422	2443	56. 30	6. 90	39. 96	-0. 9421
2018-09-20	1576	942	119	637. 11	380. 81	48. 11	0. 9686
2018-09-21	6347	323	2832	285. 77	14. 54	127. 51	-0. 9743
2018-09-22	790	68	338	156. 20	13. 45	66. 83	-0. 9222
2018-09-23	278	56	30	36. 31	7. 31	3. 92	0. 5540

续表

日期	帖子数	积极情绪帖子数	消极情绪帖子数	每个帖子平均评论量	积极情绪帖子的评论量	消极情绪帖子的评论量	投资者情绪指数
2018-09-24	7983	1421	5898	112.78	20.08	83.32	-0.8903
2018-09-25	307	42	67	496.00	67.86	108.25	-0.4358
2018-09-26	4158	1542	1143	556.13	206.24	152.87	0.2908
2018-09-27	6397	3213	2195	629.08	315.97	215.86	0.3636
2018-09-28	2354	1073	405	3.83	1.75	0.66	0.7506
2018-09-29	3228	1834	801	729.75	414.61	181.08	0.6796
2018-09-30	3587	1301	1605	31.86	11.55	14.25	-0.2070
2018-10-01	3233	1074	1788	172.73	57.38	95.53	-0.4697
2018-10-02	3825	2187	1383	38.48	22.00	13.91	0.4287
2018-10-03	8061	1088	3492	46.85	6.32	20.29	-0.8230
2018-10-04	9565	2394	1216	99.88	25.00	12.70	0.5898
2018-10-05	830	639	0	151.38	116.55	0.00	1.0000
2018-10-06	3608	1141	1664	50.85	16.08	23.45	-0.3604
2018-10-07	8690	1019	3156	69.86	8.19	25.37	-0.8112
2018-10-08	3144	679	1386	24.58	5.31	10.84	-0.6129
2018-10-09	8872	604	7967	236.38	16.09	212.27	-0.9886
2018-10-10	5846	1376	3080	195.09	45.92	102.78	-0.6672
2018-10-11	4774	1701	687	79.53	28.34	11.44	0.7195
2018-10-12	1853	1270	483	397.07	272.14	103.50	0.7473
2018-10-13	683	353	251	152.70	78.92	56.12	0.3284
2018-10-14	7591	2851	3708	168.11	63.14	82.12	-0.2569
2018-10-15	7501	980	3111	1.76	0.23	0.73	-0.8195
2018-10-16	6633	2372	3003	361.39	129.23	163.61	-0.2316
2018-10-17	3675	1650	1801	178.96	80.35	87.70	-0.0873
2018-10-18	5694	4769	547	5.50	4.61	0.53	0.9740
2018-10-19	1968	320	1182	52.44	8.53	31.49	-0.8634
2018-10-20	9388	923	3885	0.07	0.01	0.03	-0.8931
2018-10-21	2987	791	503	404.77	107.19	68.16	0.4241
2018-10-22	4033	1726	110	522.07	223.43	14.24	0.9919
2018-10-23	2881	1051	600	31.21	11.39	6.50	0.5084

续表

日期	帖子数	积极情绪帖子数	消极情绪帖子数	每个帖子平均评论量	积极情绪帖子的评论量	消极情绪帖子的评论量	投资者情绪指数
2018-10-24	4752	1155	3536	28. 44	6. 91	21. 16	-0. 8072
2018-10-25	8921	4797	2010	146. 35	78. 69	32. 97	0. 7013
2018-10-26	6929	3038	3122	96. 67	42. 38	43. 56	-0. 0273
2018-10-27	2798	525	1333	25. 83	4. 85	12. 31	-0. 7314
2018-10-28	3173	878	1339	53. 39	14. 77	22. 53	-0. 3986
2018-10-29	9943	4445	1666	43. 43	19. 41	7. 28	0. 7537
2018-10-30	4517	2365	1527	416. 98	218. 32	140. 96	0. 4115
2018-10-31	177	90	75	2. 14	1. 09	0. 91	0. 1803
2018-11-01	8454	1484	3395	427. 28	75. 00	171. 59	-0. 6792
2018-11-02	118	51	30	153. 09	66. 17	38. 92	0. 4859
2018-11-03	1300	255	708	24. 21	4. 75	13. 19	-0. 7703
2018-11-04	6788	793	4874	6. 68	0. 78	4. 80	-0. 9484
2018-11-05	5387	61	2267	67. 51	0. 76	28. 41	-0. 9986
2018-11-06	6764	3182	215	253. 42	119. 21	8. 06	0. 9909
2018-11-07	8268	1610	1419	78. 98	15. 38	13. 55	0. 1256
2018-11-08	915	102	377	107. 02	11. 93	44. 09	-0. 8636
2018-11-09	1884	244	514	566. 94	73. 43	154. 67	-0. 6322
2018-11-10	4694	2164	1780	730. 97	336. 99	277. 19	0. 1929
2018-11-11	4131	1252	1487	514. 05	155. 80	185. 04	-0. 1703
2018-11-12	7210	693	375	476. 70	45. 82	24. 79	0. 5470
2018-11-13	5725	1118	904	16. 23	3. 17	2. 56	0. 2093
2018-11-14	2727	771	689	62. 07	17. 55	15. 68	0. 1120
2018-11-15	2216	457	1479	653. 29	134. 73	436. 02	-0. 8257
2018-11-16	2799	2011	193	356. 36	256. 03	24. 57	0. 9817
2018-11-17	379	21	183	28. 11	1. 56	13. 57	-0. 9740
2018-11-18	8047	2729	3771	64. 43	21. 85	30. 19	-0. 3126
2018-11-19	5606	2489	2519	224. 82	99. 82	101. 02	-0. 0120
2018-11-20	1066	202	824	148. 37	28. 11	114. 68	-0. 8866
2018-11-21	5522	3123	1908	416. 93	235. 80	144. 06	0. 4564
2018-11-22	6376	1309	1998	8. 14	1. 67	2. 55	-0. 3994

续表

日期	帖子数	积极情绪帖子数	消极情绪帖子数	每个帖子平均评论量	积极情绪帖子的评论量	消极情绪帖子的评论量	投资者情绪指数
2018-11-23	1797	810	492	98.61	44.45	27.00	0.4610
2018-11-24	5119	55	4943	169.44	1.82	163.62	-0.9998
2018-11-25	7689	4140	1214	333.89	179.77	52.72	0.8416
2018-11-26	7690	3373	1186	39.94	17.52	6.16	0.7799
2018-11-27	8398	1209	3302	753.56	108.49	296.29	-0.7636
2018-11-28	1437	257	1153	286.46	51.23	229.85	-0.9053
2018-11-29	6332	2925	1642	314.18	145.13	81.47	0.5208
2018-11-30	4959	1483	1328	85.29	25.51	22.84	0.1099
2018-12-01	5450	1455	90	237.89	63.51	3.93	0.9924
2018-12-02	751	117	253	596.79	92.98	201.05	-0.6476
2018-12-03	5893	1215	1599	6.29	1.30	1.71	-0.2679
2018-12-04	658	188	215	458.51	131.00	149.82	-0.1334
2018-12-05	8678	4449	371	125.46	64.32	5.36	0.9862
2018-12-06	449	157	241	748.29	261.65	401.65	-0.4041
2018-12-07	3686	2143	1211	399.77	232.42	131.34	0.5159
2018-12-08	5825	608	2446	13.77	1.44	5.78	-0.8836
2018-12-09	38	4	20	51.52	5.42	27.12	-0.9231
2018-12-10	7918	3534	1958	67.70	30.21	16.74	0.5303
2018-12-11	2023	821	1096	82.25	33.38	44.56	-0.2811
2018-12-12	3283	399	1778	167.91	20.41	90.94	-0.9041
2018-12-13	8660	5181	1550	2.02	1.21	0.36	0.8357
2018-12-14	9541	2018	3328	420.72	88.99	146.75	-0.4623
2018-12-15	3896	659	1444	212.28	35.91	78.68	-0.6553
2018-12-16	9972	3992	2539	429.54	171.95	109.37	0.4240
2018-12-17	6869	91	6340	367.10	4.86	338.83	-0.9996
2018-12-18	5835	2923	1607	4.08	2.05	1.12	0.5358
2018-12-19	1282	370	362	38.01	10.97	10.73	0.0219
2018-12-20	9179	1701	1709	143.54	26.60	26.73	-0.0047
2018-12-21	8631	1746	2218	66.33	13.42	17.05	-0.2348
2018-12-22	9018	3342	3770	14.14	5.24	5.91	-0.1199

续表

日期	帖子数	积极情绪帖子数	消极情绪帖子数	每个帖子平均评论量	积极情绪帖子的评论量	消极情绪帖子的评论量	投资者情绪指数
2018-12-23	8431	4844	789	444.26	255.25	41.58	0.9483
2018-12-24	4878	2134	2511	350.37	153.28	180.36	-0.1613
2018-12-25	3450	2084	928	385.56	232.90	103.71	0.6690
2018-12-26	9976	4077	5470	683.76	279.44	374.92	-0.2857
2018-12-27	8916	2200	3026	87.16	21.51	29.58	-0.3084
2018-12-28	9356	4158	2007	188.33	83.70	40.40	0.6221
2018-12-29	8904	1344	5318	229.00	34.57	136.77	-0.8799
2018-12-30	9636	1338	5389	251.78	34.96	140.81	-0.8839
2018-12-31	2103	911	705	28.96	12.55	9.71	0.2509
2019-01-01	4153	786	951	4.42	0.84	1.01	-0.1883
2019-01-02	2756	1159	943	95.62	40.21	32.72	0.2034
2019-01-03	682	367	240	10.69	5.75	3.76	0.4009
2019-01-04	5938	1624	1199	342.81	93.76	69.22	0.2944
2019-01-05	4408	1058	2152	625.88	150.22	305.55	-0.6107
2019-01-06	5276	590	2742	120.07	13.43	62.40	-0.9115
2019-01-07	6294	506	2003	248.87	20.01	79.20	-0.8800
2019-01-08	2291	309	576	602.07	81.20	151.37	-0.5531
2019-01-09	3409	974	2364	361.20	103.20	250.48	-0.7098
2019-01-10	1418	315	556	231.30	51.38	90.69	-0.5140
2019-01-11	1302	686	319	550.47	290.03	134.87	0.6444
2019-01-12	8014	4935	254	225.74	139.01	7.15	0.9947
2019-01-13	4051	816	2297	70.31	14.16	39.87	-0.7759
2019-01-14	9726	1735	64	599.17	106.89	3.94	0.9973
2019-01-15	1066	103	364	149.56	14.45	51.07	-0.8517
2019-01-16	4977	1893	1785	327.95	124.74	117.62	0.0587
2019-01-17	4180	100	2046	271.39	6.49	132.84	-0.9952
2019-01-18	5968	2370	1434	610.33	242.37	146.65	0.4640
2019-01-19	6677	230	2117	22.48	0.77	7.13	-0.9767
2019-01-20	2835	1336	1180	732.11	345.01	304.72	0.1235

续表

日期	帖子数	积极情绪帖子数	消极情绪帖子数	每个帖子平均评论量	积极情绪帖子的评论量	消极情绪帖子的评论量	投资者情绪指数
2019-01-21	3652	334	1130	154. 44	14. 12	47. 79	-0. 8393
2019-01-22	9094	2806	4456	474. 72	146. 48	232. 61	-0. 4321
2019-01-23	9190	5058	3794	2. 29	1. 26	0. 95	0. 2799
2019-01-24	2825	53	1765	11. 12	0. 21	6. 94	-0. 9982
2019-01-25	7072	2535	2653	502. 79	180. 23	188. 62	-0. 0455
2019-01-26	6690	1279	3916	123. 48	23. 61	72. 28	-0. 8072
2019-01-27	3249	720	1290	460. 92	102. 14	183. 01	-0. 5249
2019-01-29	3075	576	1283	59. 94	11. 23	25. 01	-0. 6645
2019-01-30	1238	518	254	755. 17	315. 98	154. 94	0. 6123
2019-01-31	5751	925	2572	6. 91	1. 11	3. 09	-0. 7709
2019-02-01	9756	3766	1115	32. 66	12. 61	3. 73	0. 8388
2019-02-02	3832	1656	1481	703. 31	303. 94	271. 82	0. 1112
2019-02-03	4870	2908	1220	83. 65	49. 95	20. 96	0. 7007
2019-02-04	8214	3099	133	10. 92	4. 12	0. 18	0. 9963
2019-02-05	4387	376	478	24. 31	2. 08	2. 65	-0. 2355
2019-02-06	3852	608	927	535. 10	84. 46	128. 78	-0. 3984
2019-02-07	8761	3312	3629	86. 48	32. 69	35. 82	-0. 0912
2019-02-08	7834	3395	2249	225. 31	97. 64	64. 68	0. 3900
2019-02-09	7126	1962	2468	489. 18	134. 69	169. 42	-0. 2255
2019-02-10	3519	1983	1332	168. 72	95. 08	63. 86	0. 3782
2019-02-11	876	308	437	44. 79	15. 75	22. 34	-0. 3362
2019-02-12	897	359	272	70. 04	28. 03	21. 24	0. 2706
2019-02-13	3846	260	2013	566. 09	38. 27	296. 29	-0. 9672
2019-02-14	106	23	16	204. 27	44. 32	30. 83	0. 3478
2019-02-15	6644	2332	1911	134. 81	47. 32	38. 78	0. 1965
2019-02-16	1341	688	340	66. 28	34. 01	16. 81	0. 6074
2019-02-17	4510	2008	1165	328. 48	146. 25	84. 85	0. 4963
2019-02-18	75	28	34	821. 99	306. 88	372. 63	-0. 1918

续表

日期	帖子数	积极情绪帖子数	消极情绪帖子数	每个帖子平均评论量	积极情绪帖子的评论量	消极情绪帖子的评论量	投资者情绪指数
2019-02-19	79	18	29	86.73	19.76	31.84	-0.4438
2019-02-20	3123	1565	1441	297.29	148.98	137.17	0.0824
2019-02-21	4128	1251	2403	263.06	79.72	153.13	-0.5735
2019-02-22	668	133	524	305.35	60.79	239.52	-0.8790
2019-02-23	2022	695	889	114.03	39.19	50.14	-0.2413
2019-02-24	1761	609	312	11.25	3.89	1.99	0.5842
2019-02-25	9218	4591	3502	206.14	102.67	78.31	0.2643
2019-02-26	2051	737	1053	668.11	240.08	343.01	-0.3424
2019-02-27	7571	1754	2337	82.35	19.08	25.42	-0.2793
2019-02-28	9790	5859	1353	441.62	264.29	61.03	0.8987
2019-03-01	5056	1854	59	186.67	68.45	2.18	0.9980
2019-03-02	115	16	72	277.90	38.66	173.99	-0.9059
2019-03-03	3145	1062	1051	220.29	74.39	73.62	0.0104
2019-03-04	5931	1480	1966	109.06	27.21	36.15	-0.2766
2019-03-05	3405	1773	99	244.47	127.29	7.11	0.9938
2019-03-06	9169	2604	435	648.14	184.07	30.75	0.9457
2019-03-07	2485	844	763	226.80	77.03	69.64	0.1006
2019-03-08	3942	1917	1892	0.34	0.16	0.16	0.0131
2019-03-09	6522	1932	1889	425.97	126.18	123.38	0.0225
2019-03-10	337	63	142	306.29	57.26	129.06	-0.6711
2019-03-11	129	33	56	17.32	4.43	7.52	-0.4845
2019-03-12	750	458	137	609.88	372.43	111.40	0.8357
2019-03-13	3778	355	905	325.95	30.63	78.08	-0.7333
2019-03-14	5184	1778	2434	118.49	40.64	55.63	-0.3041
2019-03-15	9088	563	3675	59.65	3.70	24.12	-0.9541
2019-03-16	2113	1170	457	318.42	176.32	68.87	0.7353
2019-03-17	3681	1210	653	383.74	126.14	68.07	0.5489
2019-03-18	5052	2137	641	800.75	338.72	101.60	0.8349

续表

日期	帖子数	积极情绪帖子数	消极情绪帖子数	每个帖子平均评论量	积极情绪帖子的评论量	消极情绪帖子的评论量	投资者情绪指数
2019-03-19	2394	675	341	73.06	20.60	10.41	0.5934
2019-03-20	4386	1887	2188	338.66	145.70	168.95	-0.1469
2019-03-21	352	76	106	148.93	32.15	44.85	-0.3209
2019-03-22	4190	1702	2178	233.33	94.78	121.28	-0.2417
2019-03-23	4052	1136	2138	5.89	1.65	3.11	-0.5597
2019-03-24	2615	988	1044	158.83	60.01	63.41	-0.0551
2019-03-25	7423	4033	1940	49.79	27.05	13.01	0.6242
2019-03-26	6984	2766	3506	412.21	163.25	206.93	-0.2327
2019-03-27	6364	536	2900	41.44	3.49	18.88	-0.9339
2019-03-28	624	119	221	70.48	13.44	24.96	-0.5505
2019-03-29	5550	2780	590	96.40	48.29	10.25	0.9138
2019-03-30	6010	3374	31	120.56	67.68	0.62	0.9998
2019-03-31	2095	304	1001	826.00	119.86	394.67	-0.8311
2019-04-01	4451	2142	1823	100.63	48.43	41.22	0.1599
2019-04-02	7049	771	2595	597.22	65.32	219.86	-0.8378
2019-04-03	3792	1807	1047	201.33	95.94	55.59	0.4973
2019-04-04	8855	4447	4175	264.19	132.68	124.56	0.0630
2019-04-05	8915	5452	2753	748.19	457.56	231.04	0.5937
2019-04-06	5087	2311	209	492.87	223.91	20.25	0.9838
2019-04-07	3975	1138	1953	378.25	108.29	185.84	-0.4931
2019-04-08	7046	4649	873	333.84	220.27	41.36	0.9319
2019-04-09	7695	3336	1819	139.57	60.51	32.99	0.5416
2019-04-10	3789	600	1684	79.44	12.58	35.31	-0.7747
2019-04-11	5085	2406	1447	166.98	79.01	47.52	0.4688
2019-04-12	4201	1942	842	37.56	17.36	7.53	0.6835
2019-04-13	7175	2204	3069	27.24	8.37	11.65	-0.3195
2019-04-14	3612	1313	827	51.30	18.65	11.75	0.4319
2019-04-15	1287	665	414	78.31	40.46	25.19	0.4414

续表

日期	帖子数	积极情绪帖子数	消极情绪帖子数	每个帖子平均评论量	积极情绪帖子的评论量	消极情绪帖子的评论量	投资者情绪指数
2019-04-16	9529	3074	4510	174.58	56.32	82.63	-0.3656
2019-04-17	9451	3775	371	355.11	141.84	13.94	0.9809
2019-04-18	1093	118	708	155.71	16.81	100.86	-0.9459
2019-04-19	9501	106	5132	480.40	5.36	259.49	-0.9991
2019-04-20	5653	1294	2042	117.52	26.90	42.45	-0.4270
2019-04-21	2237	1232	420	30.51	16.80	5.73	0.7918
2019-04-22	4238	1208	1614	253.22	72.18	96.44	-0.2819
2019-04-23	1024	654	262	268.22	171.31	68.63	0.7234
2019-04-24	5732	1945	1404	141.32	47.95	34.61	0.3149
2019-04-25	4950	499	3770	17.81	1.79	13.56	-0.9656
2019-04-26	4979	1657	2259	652.57	217.17	296.07	-0.3004
2019-04-27	8509	1388	4922	644.57	105.14	372.85	-0.8527
2019-04-28	8283	1264	3599	196.07	29.92	85.19	-0.7804
2019-04-29	8726	2921	1943	295.30	98.85	65.75	0.3865
2019-04-30	2243	1093	733	212.23	103.42	69.35	0.3796
2019-05-01	5386	1875	1690	228.07	79.40	71.56	0.1035
2019-05-02	7419	3301	883	664.70	295.75	79.11	0.8664
2019-05-03	4547	989	1541	470.89	102.42	159.59	-0.4165
2019-05-04	4404	1798	380	372.14	151.93	32.11	0.9145
2019-05-05	7886	296	4095	171.32	6.43	88.96	-0.9896
2019-05-06	5252	2237	2168	824.63	351.24	340.40	0.0313
2019-05-08	7605	3340	1025	256.13	112.49	34.52	0.8279
2019-05-09	3166	584	1125	10.10	1.86	3.59	-0.5755
2019-05-10	5179	2496	1905	45.86	22.10	16.87	0.2638
2019-05-11	7797	2821	2131	231.44	83.73	63.25	0.2734
2019-05-12	3599	1328	1695	726.00	267.89	341.92	-0.2393
2019-05-13	7907	3608	3870	70.62	32.23	34.57	-0.0700
2019-05-14	9348	4428	4034	118.99	56.36	51.35	0.0929

续表

日期	帖子数	积极情绪帖子数	消极情绪帖子数	每个帖子平均评论量	积极情绪帖子的评论量	消极情绪帖子的评论量	投资者情绪指数
2019-05-15	266	110	83	356.76	147.53	111.32	0.2744
2019-05-16	9640	1502	5507	464.48	72.37	265.34	-0.8615
2019-05-17	2152	911	642	791.91	335.24	236.25	0.3363
2019-05-18	9453	3038	6349	494.81	159.02	332.33	-0.6274
2019-05-19	1619	528	528	365.59	119.23	119.23	0.0000
2019-05-20	8581	5680	2370	57.44	38.02	15.86	0.7034
2019-05-21	4273	436	1997	328.98	33.57	153.75	-0.9090
2019-05-22	152	58	21	59.12	22.56	8.17	0.7682
2019-05-23	6019	493	4194	132.09	10.82	92.04	-0.9727
2019-05-24	5082	1737	2470	38.09	13.02	18.51	-0.3382
2019-05-25	3622	2471	620	429.63	293.10	73.54	0.8815
2019-05-26	6100	3178	2851	8.07	4.20	3.77	0.1082
2019-05-27	7332	987	4750	13.42	1.81	8.69	-0.9172
2019-05-28	5344	910	2135	107.38	18.29	42.90	-0.6925
2019-05-29	5117	2444	2240	425.42	203.19	186.23	0.0869
2019-05-30	4471	3315	737	144.82	107.37	23.87	0.9058
2019-05-31	7207	98	3950	21.56	0.29	11.81	-0.9988
2019-06-01	3459	1080	1103	467.95	146.11	149.22	-0.0211
2019-06-02	2567	994	152	573.86	222.21	33.98	0.9543
2019-06-03	9067	2183	3443	102.41	24.66	38.89	-0.4265
2019-06-04	2963	1116	1048	778.56	293.24	275.37	0.0628
2019-06-05	4566	1511	398	17.79	5.89	1.55	0.8702
2019-06-06	81	30	14	355.91	131.82	61.52	0.6423
2019-06-07	8995	4571	2600	92.25	46.88	26.67	0.5111
2019-06-08	7967	4402	3500	479.02	264.67	210.44	0.2254
2019-06-09	4516	2206	951	40.54	19.80	8.54	0.6866
2019-06-10	3388	557	2458	37.82	6.22	27.44	-0.9023
2019-06-11	889	92	701	552.29	57.15	435.50	-0.9661

续表

日期	帖子数	积极情绪帖子数	消极情绪帖子数	每个帖子平均评论量	积极情绪帖子的评论量	消极情绪帖子的评论量	投资者情绪指数
2019-06-12	8444	3712	2672	201.44	88.55	63.74	0.3174
2019-06-13	6677	1902	2652	2.76	0.79	1.10	−0.3207
2019-06-14	6279	5056	407	596.79	480.55	38.68	0.9871
2019-06-15	8151	2723	2869	89.08	29.76	31.36	−0.0522
2019-06-16	7003	1259	3892	137.87	24.79	76.62	−0.8105
2019-06-17	2345	1064	334	17.75	8.06	2.53	0.8206
2019-06-18	1673	510	600	38.87	11.85	13.94	−0.1611
2019-06-19	3326	1859	328	270.49	151.19	26.68	0.9396
2019-06-20	4429	1458	94	90.92	29.93	1.93	0.9917
2019-06-21	3669	2535	860	50.77	35.08	11.90	0.7936
2019-06-22	4940	184	1841	804.34	29.96	299.75	−0.9802
2019-06-23	1431	169	880	174.08	20.56	107.05	−0.9289
2019-06-24	3527	1532	264	53.27	23.14	3.99	0.9423
2019-06-25	1161	286	585	160.14	39.45	80.69	−0.6142
2019-06-26	3347	485	1574	826.48	119.76	388.67	−0.8266
2019-06-27	7270	3301	3379	176.60	80.19	82.08	−0.0234
2019-06-28	2917	845	1580	275.20	79.72	149.06	−0.5552
2019-06-29	6331	816	5263	27.86	3.59	23.16	−0.9531
2019-06-30	3214	862	1780	82.75	22.19	45.83	−0.6201
2019-07-01	6613	1413	2839	447.15	95.54	191.96	−0.6029
2019-07-02	8391	4882	2078	511.07	297.35	126.56	0.6932
2019-07-03	9234	27	2478	500.87	1.46	134.41	−0.9998
2019-07-04	9779	2261	3857	135.92	31.43	53.61	−0.4885
2019-07-05	3283	190	1917	5.66	0.33	3.30	−0.9805
2019-07-06	1959	715	508	329.87	120.40	85.54	0.3291
2019-07-07	66	18	25	304.21	82.97	115.23	−0.3172
2019-07-08	1309	677	127	239.69	123.97	23.26	0.9320
2019-07-09	4648	1786	2248	37.66	14.47	18.21	−0.2261

续表

日期	帖子数	积极情绪帖子数	消极情绪帖子数	每个帖子平均评论量	积极情绪帖子的评论量	消极情绪帖子的评论量	投资者情绪指数
2019-07-10	2508	1420	348	307.08	173.87	42.61	0.8867
2019-07-11	8256	1345	4912	637.85	103.91	379.49	-0.8605
2019-07-12	7266	3168	927	478.62	208.68	61.06	0.8423
2019-07-13	1108	21	665	27.65	0.52	16.60	-0.9980
2019-07-14	9336	735	2296	20.92	1.65	5.15	-0.8141
2019-07-15	4705	1706	75	623.61	226.12	9.94	0.9961
2019-07-16	365	208	101	272.87	155.50	75.51	0.6184
2019-07-17	933	84	117	252.65	22.75	31.68	-0.3197
2019-07-18	2236	895	1183	563.03	225.36	297.88	-0.2720
2019-07-19	5268	1188	1175	807.33	182.06	180.07	0.0110
2019-07-20	3467	1422	917	228.28	93.63	60.38	0.4126
2019-07-21	8546	2504	1366	87.56	25.66	14.00	0.5413
2019-07-22	5436	613	2659	44.55	5.02	21.79	-0.8991
2019-07-23	954	151	19	342.59	54.22	6.82	0.9688
2019-07-24	7778	3348	1897	726.08	312.54	177.09	0.5140
2019-07-25	7271	3032	3586	259.61	108.26	128.04	-0.1663
2019-07-26	2446	1007	943	43.45	17.89	16.75	0.0656
2019-07-27	3102	685	1141	19.13	4.22	7.04	-0.4701
2019-07-28	9484	2861	2201	141.96	42.82	32.94	0.2564
2019-07-29	7343	2135	3228	45.13	13.12	19.84	-0.3914
2019-07-30	6300	1960	916	776.46	241.57	112.89	0.6415
2019-07-31	1910	1329	491	180.20	125.39	46.32	0.7598
2019-08-01	3138	1086	433	209.05	72.35	28.85	0.7257
2019-08-02	3032	437	1436	14.69	2.12	6.96	-0.8305
2019-08-03	2570	1623	723	215.50	136.09	60.63	0.6688
2019-08-04	8278	2581	4232	434.91	135.60	222.34	-0.4578
2019-08-05	9333	8010	1178	208.71	179.13	26.34	0.9577
2019-08-06	5270	3012	856	215.68	123.27	35.03	0.8505

续表

日期	帖子数	积极情绪帖子数	消极情绪帖子数	每个帖子平均评论量	积极情绪帖子的评论量	消极情绪帖子的评论量	投资者情绪指数
2019-08-07	3027	470	1198	35.36	5.49	13.99	-0.7332
2019-08-08	4748	2627	217	50.46	27.92	2.31	0.9864
2019-08-09	7286	4503	8	26.22	16.21	0.03	1.0000
2019-08-10	6584	3873	571	29.51	17.36	2.56	0.9575
2019-08-11	4221	1379	1571	26.08	8.52	9.71	-0.1296
2019-08-12	4332	1086	2304	278.93	69.92	148.35	-0.6364
2019-08-13	6647	1891	2313	694.97	197.71	241.83	-0.1988
2019-08-15	8828	1340	4440	477.57	72.49	240.19	-0.8330
2019-08-16	1049	261	346	386.21	96.09	127.39	-0.2747
2019-08-17	2985	1097	1022	39.18	14.40	13.42	0.0707
2019-08-18	226	55	31	34.25	8.33	4.70	0.5178
2019-08-19	2851	1134	1089	42.73	17.00	16.32	0.0405
2019-08-20	8653	3707	4465	13.98	5.99	7.22	-0.1839
2019-08-21	5253	625	2658	92.72	11.03	46.92	-0.8952
2019-08-22	6315	2915	498	37.99	17.54	3.00	0.9433
2019-08-23	949	285	564	455.22	136.71	270.54	-0.5932
2019-08-24	2486	232	1145	269.18	25.12	123.98	-0.9211
2019-08-25	583	217	193	75.81	28.22	25.10	0.1167
2019-08-26	5516	2458	2020	9.76	4.35	3.57	0.1938
2019-08-27	9258	4284	4037	450.64	208.53	196.50	0.0593
2019-08-28	7631	2358	3127	857.31	264.91	351.31	-0.2750
2019-08-29	4389	385	963	859.31	75.38	188.54	-0.7244
2019-08-30	1218	307	386	168.83	42.55	53.50	-0.2251
2019-08-31	4255	1709	1883	336.11	135.00	148.74	-0.0967